サッカーおくのほそ道

Jリーグを目指すクラブ
目指さないクラブ

宇都宮徹壱
Tetsuichi Utsunomiya

KANZEN

サッカーおくのほそ道

Jリーグを目指すクラブ
目指さないクラブ

イラストレーション　曽根 愛
ブックデザイン　アルビレオ
DTPオペレーション　森脇 隆（ライブ）
編集協力　後藤 勝、一木大治朗
編集　森 哲也（カンゼン）

目次

沼津の誇り
AZUL CLARO THE PRIDE OF NUMAZU

なぜ『サッカーおくのほそ道』なのか？

俳聖・松尾芭蕉が『おくのほそ道』の旅に出たのは、元禄2年（1689年）3月27日のこと。およそ150日をかけて東北と北陸をめぐり、最後に大垣を出発するところまでの旅路が描かれている。

2年後に江戸に戻り、それから3年後の元禄7年（1694年）10月12日に永眠。享年50歳。病が癒えたら、初めての九州の旅を夢見ていたという。芭蕉の集大成とも言える紀行文『おくのほそ道』が世に出るのは、没後しばらく経った元禄15年（1702年）のことであった。

本書のタイトル『サッカーおくのほそ道』は、もちろん『おくのほそ道』のオマージュである。国内外のさまざまな地域を訪ね歩いては、その土地のフットボールを写真と文章で切り取り続けてきた私にとり、諸国を旅しながら幾多の名句を残した芭蕉は、かねてよりリスペクトすべき存在であった。

では、なぜ『おくのほそ道』だったのか？

本書は、日本の国内サッカーの取材記録である。「国内サッカー」というと、多くの人がJリーグを思い浮かべることだろう。しかし本書では、Jリーグの試合はまったく出てこないし、Jクラブも「脇役」として登場するのみ。現在J2やJ3に所属しているクラブも出てくるが、フォーカスするのはいずれもJクラブになる以前。つまりアマチュアもしくは社会人チームとして、JFLや地域リーグを戦っていた時代を取り上げている。

本書のタイトルを『サッカーおくのほそ道』としたのは、そうした「Jリーグを目指すクラブ」がJにたどり着くまでの紆余曲折や艱難辛苦を暗示したいと考えたからだ。おそらく芭蕉にとっての「おく（みちのく）」の旅も、まさに不安と難儀に満ちた「ほそ道」に感じられたのであろう（45歳でみちのくの旅に出た芭蕉の心情は「道路に死なん、これ天の命なり」という言葉からも察することができる）。

一方で本書では、さまざまな理由により「Jリーグを目指さない」企業チームも登場する。彼らにとってJリーグという舞台は、もちろん憧れではあるだろうが、同時に「見果てぬ夢」でもある。それはつまるところ、物理的にも制度的にも自由な移動が制限されていた江戸時代の庶民が、生涯訪れることのない異郷を想う心情と相通じるように感じられてならない。

今回、恐れ多くも俳聖の代表作をタイトルに引用したのは、私自身が芭蕉よろしく全国を行脚し、その土地その土地に根付いているフットボール文化を取材してきたことに由来する（もちろん東北だけでなく、遠く四国や九州にも足を延ばしている）。

ただし私の場合、旅先で一句ひねるのではなく、心の赴くままにカメラのレンズを向けてはシャッターを切り続けてきた。取材対象はＪクラブも多かったが、普段なかなかスポットライトを浴びることのない社会人サッカーの世界もまた、私にとっては重要なテーマである。そして地方のひなびた競技場で一喜一憂する、選手やクラブ関係者、あるいはサポーターたちの姿は、私の格好の被写体であり続けた。

では、なぜ本書はＪクラブではなく、あえて社会人サッカーというニッチなテーマを取り上げるのか。その点についても言及しておきたい。

かつて私は全国９つの地域リーグをめぐり、それぞれの地域から将来のＪリーグ入りを目指すクラブを紹介する連載を持っていた。そして2年半にわたる取材の成果は、２００８年に『股旅フットボール』（東邦出版）という書籍に結実している。作品そのものは、一定以上の評価を得たと自負しているが、一方でやり残した仕事もあった。

たとえばプロリーグは目指さないけれども、アマチュアのトップリーグであるＪＦＬで活動を続け、しかもＪリーグが理念とする「地域密着」を実践しているような企業クラブを追いきれていなかった。また『股旅』発表から10年近くが経過し、取材したクラブのほとんどがＪクラブとして活動している一方で、新たに地域リーグ（あるいはそれ以下のカテゴリー）からＪを目指すクラブも続々と現れている。これに呼応するかのように、Ｊリーグも14年、Ｊ２と

ＪＦＬとの間に新たにＪ３リーグを創設下した（Ｊ３に関しては、その重要性を鑑みて本書の第6章で取り上げている）。

「写真家・ノンフィクションライター」という肩書で、国内外のフットボールを追い求める活動を開始して20年。そのうち半分くらいの年月を、Ｊリーグ以下のカテゴリーの取材に費やしてきた（もはやライフワークと言ってよいだろう）。夢中になって仕事を続けるうちに、気がつけば私も50歳。とうとう芭蕉が息を引き取った年齢に追いついてしまった。『股旅』以降の仕事をまとめ上げるには、ちょうどよいタイミングなのかもしれない。

そんな内なる想いから、本書『サッカーおくのほそ道』は生まれた。芭蕉が旅先で句を読んだように、私は写真と文章でもって、さまざまな土地で出会った「日本サッカーの原風景」を活写し、惜しみなくここに披露したい。

なお、本書に登場する組織や人物の役職および年齢は、いずれも取材当時のもの。文中の敬称はすべて略したことを付記しておく。

第1章

Jリーグを目指さなかった理由

Honda FC

――2008年・春

決勝点が生まれたのは、キックオフから110分後のことであった。

本山雅志のスルーパスに、興梠慎三がペナルティーエリア内に走りこんで足裏で巧みにバックパス。その興梠を追走していた柳沢敦が、すかさずボールを右足で流し込み、ゴールネットを揺らす。1対0――天皇杯準決勝進出を決めたのは鹿島アントラーズであった。

それまで10人になりながらも、J1王者を相手に拮抗した戦いを続けていたHonda FC。しかし、最後の最後でアントラーズが見せた「これぞプロフェッショナル」と呼ぶべき難易度の高いゴールには、ただ沈黙するよりほかになかった。

2007年12月22日。実に16年ぶりにベスト8進出を果たしたHonda FCの天皇杯での冒険は、ユアテックスタジアム仙台での激闘で幕を閉じることとなった。

それにしても、この年の天皇杯におけるHonda FCの脚光の浴び方は、ちょっと尋常ではなかった。スポーツ番組は、アマチュアクラブがJクラブを立て続けに破ったことを「大番狂わせ」として大々的に報じ（東京ヴェルディ1969に1対0＝延長、柏レイソルに3対2＝延長、名古屋グランパスエイトに2対0）、さらには大会で3ゴールを挙げたFWの新田純也を「働きながら頑張る」ストライカーとしてフィーチャーしていた。こうした一連のメディアの切り口からは、ＪＦＬ、あるいはアマチュアクラブに対するステレオタイプの認識（というか事実誤認）が垣間見えて興味深い。

たとえば「大番狂わせ」。Ｈｏｎｄａ ＦＣがＪＦＬの「門番」として、Ｊリーグ入りを目指すクラブから恐れられてきたことを知る者なら、彼らが「脆弱なアマチュアクラブ」と描かれていたことに密やかな失笑を禁じ得なかったはずだ。少なくとも、Ｊ1復帰に向けて気もそぞろだった当時のヴェルディに勝利したことを「大番狂わせ」と呼ぶのは、いささか大袈裟に過ぎたと言わざるを得ない。

同様のことは「働きながら頑張る」という表現にも見て取れる。確かに彼らの身分は、本田技研工業株式会社浜松製作所の社員であって、プロのフットボーラーではない。それでも、8時10分から12時までの就業時間を終えれば、残りの時間はサッカーに専念することができる。練習は、試合翌日を除いて毎日2時間から2時間半、午後の陽がある間に行われる。さすがに2部練習というわけにはいかないが、それでも一般的なＪリーガーと比べて練習量ではあまり遜色はないと言えよう。

よく知られているように、本田技研工業サッカー部は、ＪＳＬ（日本サッカーリーグ）所属チームの中でプロ化を断念した、数少ないクラブのひとつであった。結果、プロ志向の強い選手やスタッフの流出が相次いだ。住友金属工業蹴球団には、監督の宮本征勝(故人)、コーチの関塚隆、そして黒崎久志、本田泰人、古川昌明、長谷川祥之、内藤就行、入江和久、千葉修が移籍。一方、読売サッカークラブには、北澤豪、石川康が移籍している。

住金と読売といえば、のちの鹿島アントラーズとヴェルディ川崎。Jリーグ最初のシーズンのチャンピオンシップを争った、Jリーグ黎明期の両雄である。歴史に「イフ」は禁物であるが、もしも本田技研がプロ化に手を挙げていたら、こうした選手の大量流出もなかったわけで、Jリーグ開幕のシーズンの風景はかなり違ったものになっていたはずである。

もうひとつ、興味深い「イフ」を提示しておきたい。

当初、浦和市(現さいたま市)が誘致しようとしていたのは、三菱自工サッカー部ではなく本田技研であった(すでに『浦和ホンダウィンズ』というクラブ名まで用意していたという)。そのまま合意に至っていれば、現在の浦和レッズは誕生していなかった可能性が高い。

こうして考えると、本田技研が(あくまでも逆説的な意味でだが)Jリーグに与えた影響は計り知れない。それでは、なぜ彼らは「プロ化」という甘美なる誘惑に駆られることなく、禁欲的なアマチュア路線を堅持することを決断したのだろうか。

そこで私は、ＨｏｎｄａＦＣの前身、本田技研が挑んだ「プロ化への挑戦」にアプローチすることを思い立った。そこには、「プロクラブとは何か」「地域密着とは何か」といった、Jリー

上：16年ぶりの天皇杯ベスト8進出
に沸くHonda FCのサポーター。
下：Honda FCの選手の多くが勤務
している本田技研の浜松製作所。

グの命題を再考する要素が多分に含まれているはずだ。まずは、本田技研ＯＢの言葉に耳を傾けてみることにしよう。

「その日、サッカー部全員が会議室に呼ばれたんです。いよいよプロ化するって話だと思って行ったら、部長の雰囲気が暗いんですよね。本当に『あれ？』って感じで。それを見て（プロ化断念が）わかりました」

元日本代表で、アントラーズの最初の黄金時代を支えた本田泰人は、すでに記憶の彼方にあった「その日」のことを、何とか手繰り寄せてくれた。

本田技研のプロ化断念が選手たちに発表されたのは、１９９０年10月下旬のこと。のちにアントラーズのレジェンドとなる本田も、当時は入社３年目の21歳。職場は「組立て課」で、主に２輪のブレーキを造っていた。ちなみに１年先輩の北澤は「塗装課」。働きながらサッカーをするのが当たり前の時代だった。

そんな中、「日本にプロのサッカーリーグができる」という噂が耳に入るようになる。71年に創部。10年後にはＪＳＬ１部に昇格し、その後は一度も降格することなく、読売や日産自動車サッカー部などと互角に戦ってきた本田技研も「当然プロ化するもの」と関係者の誰もが信じていた。しかし、本社の判断は「否」――。

すぐさま雪崩を打つかのように、プロ化を決めたクラブからの仁義なき引き抜き合戦が始まる。その中で、本田を含め最も多くの選手を獲得したのが住金であった。

「やっぱり宮本さんが監督、というところが大きかったと思います。たぶん、宮本さんから見て『こういう選手が（プロ化に向けて）必要だろう』というのはあったと思うんですね。僕らにしても、宮本さんの下であればやりやすいというのはありましたし」

とはいえ、当時の住金はＪＳＬ２部。本田技研出身の選手たちとは、技術面で相当な開きがあった。ジーコが合流するのは、もう少し後の話。それまでに監督の宮本は、チームの基礎を一定レベルに底上げする必要があった。そこで期待されていたのが、古巣から呼び寄せた子飼いの選手たちである。

当時の住金の選手について尋ねると、「一緒に練習をやってみて、レベルの差を感じましたね。止めることと蹴ることが、まったくできていませんでしたから」と本田は述懐する。

「宮本さんもすぐに気付いて、走ることと基本練習をまず1カ月やろうと。で、1カ月経ったら、宮本さんが『もう1カ月やる。また同じことを反復するけど、お前たちも我慢してくれ』って言っていましたね。もともと僕らも、嫌というほど基本的な練習をやっていましたから、止めること、蹴ること、みんな上手かったですよ。そういえばジーコも、止めること、蹴ることの反復練習をやらせていました。ジーコといえば、もっとテクニックだったり、攻撃的なところだったりを重視すると思っていたんですけど、ぜんぜん違いましたね」

本田技研の伝統である、基本練習の積み重ね。そこに、ジーコがプロ意識と勝利のメンタリティを植え付けたことで、住金は鹿島アントラーズになり得た。逆にいえば、本田技研の伝統とジーコ・スピリッツ、そのいずれが欠けても、その後のアントラーズの栄光は望めなかっただろう。ところがジーコの存在があまりに大きかったためか、前者に対する評価が不当に低いように思えてならない――そう感じるのは、私だけだろうか。

ここで90年代初頭における『ホンダ』を巡る状況を俯瞰しておくことにしたい（カタカナ表記にしたのは、ブランドとしてのホンダという意味がある）。

当時、ホンダは空前のF1ブームの只中にあった。人気に火が点いたのは、日本グランプリが開催された87年から。フジテレビの全戦中継、日本人ドライバー中嶋悟の登場、アイルトン・セナの華麗な走りとルックス。そして話題の中心には、常に「世界のエンジンメーカー」ホンダがあった。

しかし、そんな華やかなイメージとは裏腹に、本業の市販車の販売でホンダは不振に喘いでいた。国内での販売台数は、年々低下の一途を続け、三菱にも水を開けられるありさま。一時は、両社の合併話まで持ち上がるほどであった。このとき「馬鹿にするんじゃねえ！　こっちが三菱を買ってやる」と息巻いていたのが、4代目社長の川本信彦である。

モータースポーツジャーナリストの赤井邦彦は、レースを愛して止まなかった「べらんめえ社長」を、このように評している。

「結構、ワンマンでした。でも、本田宗一郎が会社を作ったときの精神を受け継いだ、最後の社長さんだったんじゃないかな。（その後）ホンダが持ち直したのは、川本さんがミニバン路線の種を撒いたからですよ。それまで商業車のイメージが強かったミニバンを、ファミリーカー『オデッセイ』として94年に売り出したら、これが当たった。ほかの会社もミニバンを作ったけど、先鞭をつけたのは川本さん。あれがなければホンダの回復はなかったでしょうね」

この川本社長、もともとはエンジンの技術者上がりで、83年のホンダのF1復帰も、92年のF1撤退も、この人の決断によるものであった。代表取締役としての在任期間は、90年から98年まで。この間、川本社長は「本業回帰」の路線を鮮明に打ち出していたのだが、サッカー部のプロ化断念もF1の撤退も「本業の不振が原因ではなかった」というのが、関係者の間での一致した意見だ。

当時、F1の年間予算は100億円かかったといわれる。であれば、プロ化に手を挙げたクラブ（＝親会社）に課せられた1億4000万円の分担金など、はした金でしかなかったはずだ。ホンダが、あるいは川本が、サッカー部のプロ化に「否」を唱えたのには、何か別の理由があったと見るべきだろう。

JR浜松駅近くの鰻屋にて、2000円のうな丼を待ちながら、さりげなく客層を観察する。私以外は全員がスーツ姿。漏れ聞こえてくる会話は、午後の商談を前にしての作戦会議だったり、東京から来たお客さんの接待だったり。あらためて、企業城下町としての浜松を実感する。

浜松といえば、創業者・宗一郎が本田技術研究所を創設し、本田エントツ型エンジンを自転車に搭載した『バタバタ』を開発した、いわばホンダのルーツともいえる土地柄である。しかし現在は、ここに本社を構えるスズキ、河合楽器、ヤマハがメイン。本社を東京・青山に移し、二輪と汎用を生産する浜松製作所のみを残した本田技研の存在感は、上記の企業に比べると決して大きいとはいえない。新幹線の改札を出て最初に目にするのは、スズキの自動車と河合のピアノのディスプレイである。

浜松製作所を訪れて最初に案内されたのは、製作所の敷地内にあるＨｏｎｄａ ＦＣの事務所であった。小さいながらも、二階建ての独立した建物。インタビューに応じてくれたのは、ＪＦＬ実行委員で事務局長の新村忠志、そしてスクールの校長でU-18コーチの設楽光永である。ふたりとも真っ白なツナギを着ているのが印象的だ。かの宗一郎が「技術者の正装」と言って憚らなかった、真っ白なツナギ。本田も北澤も、そして古橋達弥（２０１３年に同クラブ復帰）も宇留野純（２０１４年に同クラブ復帰、その後引退）も、かつてはこの白いツナギを着ていたのだろう。

新村と設楽は、いずれも78年入社の同期である。ただし、新村がトップチームに関わるようになったのは04年から。一方の設楽は入社直後から一貫してトップチームで、選手、マネージャー、コーチ、事務局、監督、スカウトなどを歴任してきた。したがってサッカー部の歴史に関しては、設楽が主に私の質問に答え、新村が適時補足するという役割分担となった。

まずは、浦和へのフランチャイズ（当時まだ「ホームタウン」という言葉はなかった）の件について。本田技研が浦和に移転する可能性は、どれくらい現実味があったのだろうか。

「浦和の青年会議所が中心になって、90年くらいには活動していたんです。埼玉（狭山市）にホンダの工場があった関係で、浜松のチームを誘致しようと。われわれも、何度も向こうに行って、サッカースクールをやったりしていましたね」（設楽）

「実はこのとき、浜松市民の間でも盛り上がっていまして、（プロ化に向けての）署名活動なんかをしていましたね。ただ浜松の人たちは、浦和でそういう話になっているという情報は入っていなかったんですよ」（新村）

何と、チームを誘致しようとする浦和市、そして地元の浜松市、双方が別々に盛り上がっていたということらしい。

その後、社長になったばかりの川本が、当時の埼玉県知事に就任の挨拶をした際に、先方から「プロチームをよろしく」という話になった。何も知らされていなかった川本は、返答を避けてその場を辞した。

かくして、浜松製作所だけで進んでいた浦和移転の話は「本社預かり」となる。一説には、社長の独断でプロ化が白紙撤回されたとも伝えられるが、実際には役員会議に諮られたようだ。

再び、設楽。

「当時の部長から聞いた話ですが、役員の中に『サッカー部は浜松で地域貢献すべきだ。それなのに埼玉でいいのか』とか『やるんだったら、浜松しかないだろう』といった意見があったと。結局、それで浦和はダメになったみたいです。というのも、基本的に『ホンダ』という看板を背負っているわけで、サッカーファンも『お客さま』なんです。それなのに浦和に移転となったら、せっかく応援していただいた地元の『お客さま』を裏切ることになる。つまり、企業イメージとしてマイナスになる、という判断もあったようです」

結局、本田技研は浜松に、そして静岡県に留まることとなった。それはすなわち、ヤマハ発動機サッカー部（のちのジュビロ磐田）、そして清水FC（のちの清水エスパルス）との競合を意味していた。だが本田技研は、これらライバルと争うことなく、早々にレースを降りてしまう。結局、Jリーグ開幕に参加した10チーム（いわゆるオリジナル10）に選ばれたのは、当時県1部だった清水FC。「サッカー王国」としてのブランド力と、地域密着の度合いが評価されての選出であった。

それにしても――と私は考えてしまう。

周知の通り、プロ化に際して国替えをしたJクラブは少なくない。オリジナル10では三菱、そしてJR東日本をパートナーに選んだ古河電工サッカー部が、それぞれ浦和と市原を本拠とした。その後も藤枝ブルックスが福岡へ、川崎製鉄サッカー部が神戸へ、東芝サッカー部が札幌へ、ＰＪＭフューチャーズが鳥栖へ、それぞれ国替えしている。では、プロ化を断念してまでも本田技研が浜松にこだわった本当の理由は、何だったのだろう。

「そこがウチと他のクラブとの違いですよ。スポーツであれ、本業であれ、地元に根付いて、地元の人たちを大切にする。そういった人間尊重というのが大きかったですね」

プロ化への想いとは別に、本社の理念を誇らしく語る設楽の言葉を聞いて思い出したのが、ホンダのアメリカ進出に関するエピソードであった。ホンダはアメリカの子会社を現地法人とし、スタッフや従業員も現地の人間を雇用することで、利益をできるだけ地域に還元している。根底にあったのは「その国で稼がせてもらったお金は、その国の人たちのために使え」という、創業者・宗一郎の教えであった。長年お世話になった浜松に対しても、その教えが遵守されたと考えるのが自然であろう。

つまり「プロ化ありき」ではなく「ホームタウンありき」。まだ「ホームタウン」という概念もなく、商業的な匂いの強い「フランチャイズ」という言葉がまかり通っていた夜明け前の時代にあって、実は本田技研こそが「ホームタウン」にこだわり続けたためにプロ化を断念したのである。その後のＪリーグの歴史を思えば、何という皮肉であろうか。

もっとも本田技研の人々は、クラブのプロ化を決して諦めたわけではなかった。

97年、新クラブ『浜松ＦＣ』を設立。もちろん、仕掛けたのは本田技研だったが、自分たちが前面に出ることを避け、「地域のクラブ」であることをアピールした。Ｊリーグのヒアリン

HONDA
HONDA

グは5月半ばから始まり、6月17日にはJリーグ準会員となることが決定。7年越しの悲願まで、あと一歩かと思われていた。

ところが翌月には、あっさり法人設立が見送られ、9月4日には準会員を返上。2年後（99年）に新設されるJ2への参入も断念したことが地元メディアに報じられる。

この間、いったい何があったのか。どうやら、クラブのホンダ色を嫌った他の地元企業が、結果として「足を引っ張った」というのが真相らしい。

「ここはスズキさんの力が強い。それに、ヤマハも河合もローランドもある。市のほうでも『音楽の街』というのを打ち出しているくらいですから。本社がここにある会社は、やっぱり強いんですよ」（新村）

一方、行政側は「ホンダというブランドが担保になるのなら、やってもいい」というスタンスだった。この件について、浜松市から積極的な動きがあったという形跡は見当たらない。やがて「ホンダさんがやるんであれば、われわれは（浜松FCを）応援します」という市長の言葉が川本の耳に入り「おい、話が違うぞ」ということになった。

苦渋を押し隠しながら、設楽が回想する。

「ホンダとしては、あくまで『いちスポンサー』としてやっていけばいい、という捉え方でした。ところが市長の話を聞いて、社長は相当にギャップを感じていたみたいですね。そんなわけで、最後のチャレンジは終わってしまったと……。あれが、最後の本気、でした。今後は企業チームとして、ずっと、やっていくしかない。そう思いましたね」

それにしても、二度にわたってプロ化の夢を退けた川本自身は、どのような思いから断を下したのだろう。実は今回、ホンダの広報部を通じて当人への取材を申し込んだのだが、先方からの返答は「お話できることはありません」。ただし、広報部の丁寧な対応から、ホンダが企業スポーツをどう捉えているのか、ある程度は理解することができた。以下、要約する。

「もともと、社員が一緒に応援できるコンテンツを持ちたいという理念があり、そのひとつとして、サッカー部を持っています。ただ本田技研工業としては、Jリーグを目指すということはなく、あくまでも企業スポーツとして考えています」(広報部)

浜松製作所から車で15分ほど北上すると、本田技研工業都田サッカー場が姿を現す。収容人員4000人。浜松FCのJリーグ加盟の暁には、1万7000人収容のスタジアムに生まれ変わる予定だった。スタンドはメインとバックのみだが、ピッチまでは非常に近い。ちょうどトップの選手たちが、ハーフコートを使ったゲーム形式の練習をしていた。

今季のメンバーは26名。もちろん全員が社員だが、かつては外国人選手をはじめ、実質プロである「契約選手」を何人も抱えていた。ピーク時は97年の24名(社員は7名)。しかしJリーグ入りを断念してからは、徐々に契約選手と社員選手を入れ替えるようになり、02年には全員が社員選手となった。

一方、運営スタッフは現在14名。部長以下、副部長、事務局長、さらには監督、コーチ、トレーナー、ドクターなど。彼らは通常業務としてサッカーに携わり、サッカーで会社から給料を貰っている。クラブの年間予算は「J2の真ん中くらい」（新村）。毎年、カツカツの予算でやっているJ2の下位クラブに比べれば、はるかに運営体制はしっかりしている印象を受ける。

練習後、監督の石橋眞和、36歳に話を聞いた。現役引退後、下部組織のコーチ、トップのコーチを経て、07年から現職。最初のシーズンはJFL5位に終わったが、天皇杯では冒頭に述べたとおり、16年ぶりのベスト8進出を果たした。だが、大会で一躍脚光を浴びたことについて、指揮官自身は極めて冷静に受け止めていた。

「単純な話、プロの中でアマチュアがひとつだけ残っていたから、注目されたんでしょう。でもJFLには、企業でやっているチームは他にもあるわけです。だからJFLだと、ウチは注目されないんですよね」

確かに、JFLでのHonda FCは、何とも地味な存在だ。関係者でさえ「ウチは真面目なチーム。だから面白みがない」と言い切る。ただし地味に強い「門番」なので、Jを目指すクラブのサポーターからは畏れられる。大塚製薬（現徳島ヴォルティス）、ザスパ草津、愛媛FC、そしてロッソ（現ロアッソ）熊本にFC岐阜。上を目指すクラブの前に、常にHonda FCは立ちはだかってきた。

「ウチの特長ですか？　アグレッシブ、チャレンジ精神、そして献身的であること。特別な選手はいないかもしれないけど、あれだけ頑張れる選手が揃うというのは、ちょっと他ではないという感じはします。まあ、それがチームカラーなんでしょうね」

今季のチーム目標は、JFL優勝、そして天皇杯でより多く勝利すること。アマチュアのトップリーグにいるので、チームの目標は毎年変わることはない。選手のモチベーション維持は、歴代監督の悩みの種だ。

「そこが難しいところなんですよ。マンネリというより、それしか目標がない。頑張って優勝しても、そこから先がないし、給料が格段に上がるわけでもないですから(笑)」

インタビューを終えると、すでに陽は落ちて周囲は真っ暗だった。遠州灘から吹き付ける寒風に身を縮ませながら、スタジアム正門へと向かう。途中、メインスタンド裏の壁面に貼られた「Ｈｏｎｄａ ＦＣからＪリーグに羽ばたいた選手」というプレートが目に留まった。

錚々たる名前が並んでいる。91年の倉田安治(読売クラブ)から05年の里見仁義(ザスパ草津)まで、総勢30名。監督、コーチを含めれば、さらに多くの人材が、ここ都田のグラウンドからＪの大舞台へと巣立っていったことになる。これほど多くのＪリーガーを輩出したアマチュアクラブは、もちろんＨｏｎｄａ ＦＣを置いて他にない。

羽ばたいていく者があれば、当然、留まる者もいる。Ｊリーガーとして脚光を浴びる元同僚への想いは複雑だろうし、主力を引き抜かれることによる戦力ダウンは免れなかったはずだ。しかし、クラブは一度として、プロを目指す選手を引き止めたことはない。そればかりか「頑張ってこい！」と後押しさえするそうだ。事務局長の新村は言う。

「ここ数年でも、古橋とか、宇留野とか、（選手の引き抜きは）逆に嬉しいですね。それくらい前向きに捉えています。もちろん、メンバー構成で難しいところもありましたけど、それでも向こうでも頑張って活躍してくれれば、それはそれで嬉しいことですよ」

ＨｏｎｄａＦＣは、確かに純然たるアマチュアクラブである。だがこのクラブは、Ｊリーグ開幕以前から地域密着を重視し、一方でプロ意識の高い選手を気持ちよくＪクラブに供出してきた。そうした姿勢は、地域に根差しながら、常に高品質の商品を世に送り出す、ホンダの企業理念と見事に合致していた。

ＨｏｎｄａＦＣのフィロソフィーには、間違いなく、日本が世界に誇る「ホンダイズム」が貫かれている。

第2章 幻の「石川FC構想」

ツエーゲン金沢&フェルヴォローザ石川・白山FC

——2008年・春

かつて取材した地域リーグの現場を久々に再訪すると、あまりの変化に驚かされることがしばしばある。2008年4月13日、石川県にある津幡運動公園陸上競技場で行われた、北信越フットボールリーグ1部の開幕戦。2年前、やはりここ津幡で私は、北信越1部の開幕戦を取材している。当時は貧相な茶色っぽい芝で、新米サポーターの不慣れなコールを背に受けながら、ツエーゲン金沢は連動性を度外視した力まかせのサッカーを展開していた。

それが今年はどうだろう。津幡のピッチは美しい冬芝に張り替えられている。そして地元サポーターのコールやチャントも、目に見えてバリエーションが増えて、しかも皆が自信に満ち溢れた表情をしているではないか。そんな中、フィールド上の選手たちは、しっかりビルドアップしながら、次々と得点チャンスを演出していく。21分、大河内英樹のクロスを奈良安剛が右足で上手く合わせて先制。その9分後にも、木村龍朗のラストパスを再び奈良が決めて、ツエーゲンは前半を2対0で折り返した。

一方、開幕戦の対戦相手であるフェルヴォローザ石川・白山FCもまた、2年前とは随分と状況が激変していた。

ツエーゲンに先んじること1年前の05年、「石川からJを」を合言葉に設立。翌06年にツエーゲンが出現したことで、県内からJリーグを目指すクラブはふたつとなり、地元メディアはこれを「ダービー」と囃し立てた。この2シーズン、リーグの順位ではツエーゲンにリードを許していたものの（いずれもツエーゲンが4位、フェルヴォが5位）、直接対決では2勝1分け1敗でフェルヴォが勝ち越している。

しかし昨シーズン、クラブは極度の経営難に陥る。多くの選手がチームを離れていき、一時はクラブ存続さえ危ぶまれた。それでも今オフ、何とか18名の選手を集めてフェルヴォは新たなシーズンを迎えることとなったが、今のところGKはたったの1名。クラブの公式サイトには、つい最近まで「GK募集中」という切実なメッセージが掲げられていた。

後半早々、劣勢だったフェルヴォが、相手守備陣の間隙を突く。48分、平町和也のゴールで1点差。だがこの1点が、それまで眠っていたツエーゲンの爆発的な攻撃力を覚醒させる。

そのわずか2分後、吉田智尚の左からのクロスをフリーで受けた米山大輔のゴールで突き放すと、54分に吉田、55分に木村、59分に奈良が立て続けにネットを揺らした。その後もツエーゲンは攻撃の手を緩めることなく得点を積み重ね、10対1で終了のホイッスルが鳴る。シュート数はツエーゲン36に対し、フェルヴォは3。ボールポゼッションは、70対30くらいはあっただろうか。いずれにせよ、かつてのライバル関係が記憶の彼方に霞んでしまうくらい、両者の力の差は歴然としていた。

試合後、ちょっと気になってフェルヴァのサポーターが陣取るゴール裏に行ってみた。試合前は「オレらのチームが石川代表！　金沢なんかブッとばーせー」と威勢よく歌っていた、青いユニフォームのサポーター集団。この大敗に、さぞかしおかんむりかと思えば、さにあらず。皆、感極まった表情を浮かべながら、挨拶に来た選手やスタッフに拍手と声援を送る。

「よく頑張った！　次があるぞ！」

「まだ始まったばかりだからな！」

フェルヴァのサポーターにとって、今日のスコアは極めて瑣末なことでしかなかった。10点取られても、20点取られてもいい。より重要なことは、自分たちの愛するクラブが存続し、この北信越1部で今季もプレーできることなのである。

今季の年間予算を1億円にまで上積みして、北信越リーグ優勝、さらにはＪＦＬ昇格を目指すツエーゲン金沢。そして未曾有の経営危機を乗り越えたものの、今もクラブ存続に苦慮し続けるフェルヴォローザ石川・白山ＦＣ。

かつては互角の関係にあったライバルの明暗を分けたものは、果たして何だったのか。いやそれ以前に、人口１１５万人の石川県に、なぜＪを目指すクラブがふたつも設立されたのであろうか。私が2年ぶりに金沢を訪れたのは、こうした疑問が発端となっていた。

ダービーから2日後、ツエーゲン金沢の練習を取材する。

2年前と大きく変わったのは2点。まず、練習時間が夜から午前に変わったこと。そして、プロの専任監督を招聘したこと（以前は選手が兼任していた）。練習時間の変更については、今季3年目の木村龍朗がこう評している。

「午前中になったのは、有難いですね。生活のリズムというか、コンディションがぜんぜん違うんですよ。今年は開幕前の練習試合でも、身体がすごく楽に感じましたね」

では、監督についてはどうか。就任2年目となる池田司信は、これまで女子日本代表や群馬FCホリコシ（現アルテ高崎）を指揮してきた実績を持つ。池田は、今のチームに足りないものをすぐに見抜き、それを徹底して叩き込んだ。そのひとつが走力。この日も試合直後の練習にもかかわらず、1時間かけてダッシュを何十本も繰り返していた。再び、木村。

「走り込みはキツいっす。マナ（今季、サンフレッチェ広島から移籍してきた中尾真那）も言っていたけれど、今の広島でも、こんなにキツくはないみたいですね。『これ、絶対無理』というタイムで設定してあって、しかも最初は『15本』とか言っておきながら、限界まで追い込ませて『もう15本』とか（笑）。今年は毎日、10キロから15キロくらい走っていました。1月、2月は、ボールを一度も使わせてくれなかったですね」

その成果は、すでに現れている。チーム始動から開幕まで、名古屋グランパスエイト、FC岐阜、アルビレックス新潟、ヴィッセル神戸と練習試合を行って2勝2敗。Jクラブを相手に、練習試合とはいえ互角に近い戦いができた。3年前にサンフレッチェを解雇されて以来、久々にJクラブとの連戦を経験した木村も「攻守の切り替えとか走りとか運動量とか、そこは今のチームの強みだと思います」と自信を深めている様子。その言葉の端々から、指揮官・池田への全面的な信頼感が伝わってくる。

池田の指導法は、地域リーグにおいては異質といえる。付け焼刃的な戦力アップではなく、選手個々の成長を我慢強く促しながら、チーム力の底上げを図っているからだ。指揮官は語る。

「常に意識しているのは、フィジカルと選手の意識改革。考え方を変える。明確な目標を持つ。今の自分の姿を再確認して、1年後にどうあるべきかを示唆して『そこに至るまでにどうすべきか』ということを具体的にね。もともとJにいた選手も多いから、日々のトレーニングの中でひとつのプレーへのこだわりというものを、繰り返し要求していきました」

地域リーグにおいて、上を目指すクラブが陥りがちなのは、闇雲に上のカテゴリーから選手を集める、性急な強化策である。この手法は、短期的に見れば効果はあるものの、必ずどこかで破綻が来る。実際、2年前のツエーゲンは選手個々の能力では北信越のライバルたちを凌駕しながら、組織面でもメンタル面でも脆弱さを露呈していた。だからこそ池田は、抜本的改革に着手することに迷いはなかったという。

「人を変える作業は、1年や2年でできることではない。それに(上のカテゴリーで)ダメと言われた人間を再生するのは難しい。その中でチームとして、どこまでレベルアップを図れるかが課題。その意味で、去年の天皇杯ではロッソ(現ロアッソ熊本)に逆転勝ちしたり、水戸ホーリーホックといい試合したり、チームとして悪い一年ではなかった。ただ、勝てるゲームを何試合か落としてしまったので、リーグはあの順位(4位)だったけどね」

チームが目指す方向性は間違っていない。それはフロントも認めている。だからこそ、池田の留任も規定路線だったし、選手の入れ替えもほとんどなかった。新たなシーズンを迎えるにあたり、池田が掲げたテーマは「ディフェンス」と「ポゼッション」である。

「去年のディフェンスラインは、平均年齢21歳くらいの若い選手でやらせていたんだけど、プレーの判断という部分ができていなかった。だから失点のほとんどは、自分たちのミスによるもの。今年はDFの補強をしたけど、去年から頑張ってきた選手のほうが良かったりする。その意味では、今年は少し楽しみだよね。(ポゼッションについては)意識してボールを失わないということ。高いレベルの相手でも、こちらがボールを保持するということを去年から徹底させていました。とにかく、しっかりポゼッションして走れるチームにしていかないと、この先を戦い抜くのは難しいと思う」

それでも、とりあえずは理想的なシーズンのスタートを切ることができた。その後、ツエーゲンは第5節(5月25日)まで全勝で首位を独走。まだまだ気の抜けない戦いは続くが、池田が2年かけて作り上げたチームは、試合を重ねるたびに着実な成長を続けている。

「あのスコアは予想外でしたね。自滅がほとんどでしたが、あそこまで崩れることはなかったですから。やっぱり経験が足りませんね。戦い方をまったく知らないというか」

フェルヴォの前代表である吉田貴宏は、ツエーゲンとの開幕戦を静かにこう振り返る。

現在35歳。クラブの立ち上げから代表を務め（当初は選手兼任）、経営危機に陥った昨年はクラブ存続のために東奔西走。今季は、代表のポストを長年のチームメイトである重久誠（監督と兼任）に譲り、自らはコーチとして裏方でのサポート役に徹している。経営破綻を招いたことへの自責の念、そしてクラブ再生のための一助を担いたいという贖罪の念。そのふたつの念に揺れながら、今も金策に走り回る日々が続く。

私がまず吉田に聞きたかったのは、およそ身の丈経営とは言い難い、昨年の大々的な補強はなぜ断行されたのか、ということである。

元U－20日本代表の阿部祐大朗（現徳島ヴォルティス）、そして小林宏之（現大分トリニータ）といったJリーガー、さらにはスロベニアからも外国人選手を2名獲得。昨年の所属選手の大半は「プロ契約」で、年間予算は8000万とも、それ以上とも言われていた。

「いちおう（チーム立ち上げから）3年をめどにJFLに上がろうということで話はしていました。前年度（06年）のシーズンが終わってから、大きな補強をしようということで、あるスポンサーの店長さんから『資金をしっかり集めて補強したらどうだ』ということで、協力をいただくことになったんです」

上：ツエーゲン金沢は地元の名門・金沢SCを前身として06年に設立。
下：07年の経営難で選手が激減したフェルヴォローザ白山・石川FC。

この「スポンサーの店長さん」というのが、どうやら食わせものだったようだ。大口のスポンサーを獲ってくると言われたものの、年が明けても「もう少し、もう少し」と先延ばしされ、結局、新ユニフォームの胸スポンサーが決まらないまま、新体制の発表会を迎えることになる。そして開幕1カ月前まで引っ張られた挙句に「やっぱり難しい」。しかも、昨シーズンの胸スポンサーが、ツエーゲンの胸に「移籍」するというオマケ付き。そこから、悪夢の自転車操業が始まる。

開幕直後の4月から給料の遅配が始まり、6月12日に当時の監督が会見の席で給料未払いの事実をぶちまけたことで、一斉に地元メディアに報じられることとなった。7月には選手・スタッフの解雇が決まり、全員に一律2万円を支給。「これは手切れ金か?」と憤りを隠せない選手もいたという。

一方、サポーターの反応は素早かった。ネットを通じて『セーブ・フェルヴォ』というプロジェクト名で炊き出しが行われる。しかし、施しを受ける選手にしてみれば、忸怩たる想いがあったはずだ。吉田がそれを代弁する。

「複雑な気持ちでしたね。サポーターが、あそこまで考えてくれているのは嬉しい反面、情けなかったです。ただ、選手たちの中には、食事をいただきながら『サポーターとの距離が近すぎる』とか文句を言うのもいたりして。じゃあ、食べるなよと思ったんですけど(苦笑)。でも確かにクラブとサポーターの関係は、少し馴れ合いみたいなところがあったんじゃないかな、とは思います」

その後、フェルヴァの選手（元選手というべきか）は、無給を承知で7月いっぱいまでリーグを戦い抜くことを確認する。今季のリーグ戦を全うすれば、来季も北信越リーグ1部でプレーする権利が得られるからだ。ただし最終節は9月10日。さすがにそこまで選手を引き止めることは誰もできなかった。8月に入ると、ほとんどの選手が新天地を求めて県外に去り、チームに残ったのはわずかに9名。最終節は、県リーグの選手を1試合のみの期限付き移籍で借り受け、何とかシーズンを乗り切ることができた。

その後、オフにもさまざまな紆余曲折があったが、辛うじてフェルヴァの存続と北信越リーグ1部での活動が認められることとなった。とはいえ、吉田に対する風当たりが今も強いのも事実。あれだけの騒動を起こし、選手やスタッフを解雇しておきながらクラブは存続し、上層部もお咎めなし。批判を受けるのもやむを得ないだろう。

「それでもなぜ続けているかというと、クラブが存続することによって、皆さんに還元したいものがあるからなんです。でなかったらとっくに辞めて、もっと稼げる仕事をしながらお金を返していると思います……」

それは使命感からですか、と私が尋ねると、吉田は一点を見つめながら「はい」とだけ答えた。

フェルヴォローザの破綻は、ある意味、想定されたものであった――そんな話を取材中、何度も耳にした。人口１１５万人の石川県に、ふたつのプロクラブが両立するのは困難、というのがその理由である。そもそも、ツエーゲンがある金沢市と、フェルヴォがある白山市（合併前は松任市）とは、北陸本線でほんの10分の距離。長野県における、松本山雅ＦＣとＡＣ長野パルセイロのように、文化的なギャップや対抗意識があるわけでもない。非常にドライな言い方をするならば、石川県からＪリーグを目指すには極めて非効率な状況なのである。

実は石川県サッカー協会には、県内の精鋭を結集して最強クラブを作り、Ｊリーグを目指すという「石川ＦＣ構想」なるものが存在していた。しかし、構想は実行に移されなければ、単なる絵に描いた餅。構想実現のために汗を流す者は、当初は誰もいなかった。

転機が訪れたのは03年。ひとりの男が、故郷の石川に戻ってくる。西川周吾、当時25歳。15歳で静岡の清水商業高校にサッカー留学し、筑波大学を経て水戸でＪリーガーとなるも、クラブの方針に疑問を感じて退団。10年ぶりに石川に帰郷する。一時的にサッカーから離れていたものの、すぐさま北信越リーグ1部の金沢ＳＣ（ツエーゲン金沢の前身）に入団。03年には静岡国体のメンバーにも選ばれ、石川県勢としては初のベスト4進出にも貢献している。そこでチームメイトだったのが、のちにフェルヴォの代表となる吉田だった。

「彼には僕から声を掛けたんです。『ツッチー（吉田のニックネーム）、石川ＦＣを作ろうよ』って。それ以前に『石川ＦＣ構想』があるのは知っていたんですけど、まったく動きなしの状態でした。でも僕は外の世界を見てきたから、何とか石川のサッカー環境を変えたいと思っていたんです」

　今年から北陸大学サッカー部でコーチを務める西川は、当時をこう回想する。サッカー王国・静岡との彼我の差を目の当たりにし、曲がりなりにもプロを経験していた石川のサッカー小僧は、自身の体験が故郷のサッカー環境改善の糧となることを強く望んでいた。だが、県内のサッカー関係者に「石川FC構想」をぶつけてみても、反応は決して芳しいものではなかった。

「金沢SCはできない。テイヘンズも伝統が邪魔してできない。なので、松任オレンジモンキー（当時）に『チーム名を一新して上を目指せないか』と相談したら、吉田だけが乗ってきてくれたんです。それで松任FCを立ち上げました」

　オレンジモンキーから松任FCへ、そしてフェルヴォローザへ――「石川からJへ」という最初の流れは、間違いなく西川と吉田の出会いから始まっている。その後、西川自身も金沢SCから、ライバルの松任FCへ移籍。「石川FC」の実現に向けて、さらに力を注ぐようになる。

だが頼りにしていた県協会の反応は、実につれないものであった。

「松任FCを立ち上げるときに、協会に相談したんです。『（将来的に）石川FCとして活動できませんか』って。そしたら『協会としては、そこまではできない』と言われました」

　それでも松任FCは、独力での歩みを止めることはなかった。04年秋には、天皇杯2回戦でザスパ草津（当時JFL）と対戦。0対6と大敗したものの、会場となった金沢市民サッカー場には1000人もの観客を集め、あらためて「石川からJを目指す松任FC」を県内に印象付けることとなった。翌05年には、ポルトガル語で「ひたむきさ」を意味する『フェルヴォローザ』に名称変更する。

しかし同年秋、まったく別のルートで「石川ＦＣ構想」が立ち上がる。有志による「勉強会」を端緒として県内の有力クラブを糾合し、「石川最強のクラブを作る」というプロジェクトが発足したのである。発起人は、星稜高校サッカー部監督の河崎護。これに元日本代表監督で、県立桜丘高校サッカー部監督だった越田剛史（現北陸大学教授）が加わる。石川サッカー界を代表する両雄は、いずれも現在はツエーゲンのテクニカル・ディレクターを務めている。もっともこの時点では、「ツエーゲン」という名称も運営組織もない、単に「勉強会」という名の任意団体でしかなかった。

ある日、河崎と越田がフェルヴォの事務所を訪れ、こう切り出したという。

「われわれと一緒にやるつもりはないですか？」

この提案に、フェルヴォの関係者は身構える。なぜ、われわれがJを目指すことを知りながら、また新たな「石川ＦＣ構想」が出てきたのか。クラブとサポーターが、これまで積み上げてきた歴史は、どうなるというのか。結局のところ、両者は別の道を歩むしかなかった。この分水嶺について、西川には今でも当事者ゆえの後悔がある。

「はっきりいって、石川県のレベルで（Jを目指すクラブが）２チームあるのはおかしい。盛り上がるかもしれないけれど、両方とも上がれるかといったら絶対に無理だと思っていました。

金沢だろうが松任だろうが、僕は正直、ひとつになればいいと思っていたんですが……」

その後、西川は選手兼任で06年にフェルヴォの監督に就任。翌年、いったんは選手に専念するものの、クラブの経営破綻を受けて再び監督代行を引き受けた。そしてシーズン終了と同時に、石川のサッカー小僧はスパイクを脱いだ。


かくして、石川にJを目指すチームがふたつ生まれた。そして赤（ツエーゲン）と青（フェルヴォ）は、2シーズンだけ切磋琢磨したのち、昨シーズンのフェルヴォの経営破綻をもって、両者の立場は明暗を分けることとなったのである。

「石川FC構想」が幻に終わった背景には、ふたつのターニングポイントがあったように思う。第一のターニングポイントは、松任FCが上を目指すことを表明した際に、県協会が積極的なサポートを表明しなかったこと（もっとも、ツエーゲンが設立された際も、県協会はずっと静観を決め込んでいたという）。その事情について、専務理事の高畑俊成はこう説明する。

「私も含めて協会の幹部は、金沢SC出身者が多いんですよ。外部からだと、協会がツエーゲンをバックアップしているように見えるんじゃないかと。ですから、われわれは半歩引いた立場にならざるを得なかったんですね」

そういえばフェルヴォもツエーゲンも、とうとう「石川FC」というクラブ名を協会から与えられず、それぞれ「石川・白山」「金沢」を名乗っている。「石川FC構想」をぶち上げながら、

We are
Zweigen
Zweigen
Zweigen

実際に具体的なアクションを起こした人々や組織に対して、県協会の対応はあまりにも淡泊なものであったと言わざるを得ない。

第二のターニングポイントは、「勉強会」とフェルヴォとの会合である。この席で河崎が、フェルヴォがJリーグを目指すということを「知らなかった」と発言。結果として、フェルヴォ側の不信感につながったとされる。

「それまで地元の新聞にも大々的に取り上げられていたんです。しかも河崎先生は、石川サッカー界の顔ともいうべき人じゃないですか。その先生が知らなかったなんて、絶対におかしい」フェルヴォ側の関係者は口をそろえて、そう指摘する。もしかすると「知らなかった」というのは「自分は聞いていない」という意味だったのだろうか。念のため、河崎本人に電話で確認したところ「事務所に行った時点では知っていた。ただ、どんな話の流れで、そういう言葉が出てきたのかは覚えていない」とのことであった。

ツエーゲンとフェルヴォ、双方の関係者に会ってみると、まるで金科玉条のように「石川のサッカー界のために」という言葉を耳にする。実際、私が出会った人々は、立場の違いこそあれ、皆が地元・石川に強い愛情を示し、わが街のサッカーの発展を熱望する人々であった。

加えて、狭いサッカー界である。両チームの間では、フロント、選手、サポーター、それぞれに今も人的交流が続いている。お互いの顔が見える範囲内で、誰もが石川のサッカーのことを想い続けている。

にもかかわらず、なぜ互いが不信感を募らせ、ほとんど消耗戦ともいえる「石川ダービー」を繰り広げた挙句、片方のクラブが経営破綻に陥ることとなったのか。いくら取材を重ねてみても、余所者の私にはどうにも理解できなかった。

松任FCと県協会、フェルヴォと「勉強会」、そしてフェルヴォ前代表の吉田と選手・スタッフ。それぞれの間に、あるいはコミュニケーション不全の罠が横たわっていたのではないか。近しい関係性の中で生じた、小さな綻び。しかし気付いたときには、それが途方も無いギャップとなり、結果として石川のふたつのクラブに大きな格差をもたらしたのではないか。

いずれツエーゲンがJFL、さらにはJ2に到達した際、その宿命のライバルのことを思い出す人は、極めて少数派となっていることだろう。幸いフェルヴォは、解散の危機を何とか脱して、年間予算400万円の「地域に根ざしたクラブ」として存続することとなった。この決定については、今でも否定的な見方が少なくないとも聞く。それでもフェルヴォのサポーターが、愛するクラブを失う悲哀を味わうという最悪の事態だけは回避できたのである。その点についてては、もう少し評価されてもよいのではないか。

最後に、遠ざかるライバルの背中を見つめながら、ある古株のフェルヴォサポーターが語った言葉をもって、本稿を締めくくる。

「ツエーゲンさんがJを目指すなら、それもいい。ただし、チームをなくすなよ、とは言いたいです。僕らもかつては、上を目指すことを求めていました。でも今にして思えば、上に行くというのは、単なる結果でしかない。Ｊに行くことだけを求めていると、フェルヴォに起こったことは今後、全国でも起こり得る。本当に大事なことは、自分たちのクラブが、どんなカテゴリーであれ、存続していくことだと思うんですよね」

【付記】その後、ツエーゲン金沢は10年にＪＦＬに昇格。新設されたＪ３を経て、15年にＪ２に到達した。一方のフェルヴォローザ石川・白山ＦＣは、09年に『ゴールズＦＣ』と名称変更し、さらに11年にはクラブ運営を北陸大に移管。現在は『ＦＣ北陸』として北信越リーグ１部を戦っている。

第3章

SAGAWAに「野心」はあるのか?

SAGAWA SHIGA FC

——2008年・春

どんなに目を凝らしても、フィールドの向こう側に「野心」は見えてこない。そこにあったのは、ごくごくありふれた日本の3部リーグの風景であった。

２００８年4月20日、滋賀県の佐川急便守山陸上競技場で行われたＪＦＬ第7節、ＳＡＧＡＷＡ ＳＨＩＧＡ ＦＣ対三菱水島ＦＣの一戦。ＪＦＬ14位と17位による企業チーム同士の地味なカードに集まった観客は、たったの２５９人である。

試合内容も、今ひとつピリッとしない。ホームのＳＡＧＡＷＡは、31分にあっけなくＰＫを献上して先制され、42分にはゴール前での混戦から小幡正のゴールで同点に追いつく。後半は潰し合いの展開が続いたが、76分に間隙を突くかのようにアウェーの三菱水島が追加点をゲット。結局これが決勝点となった。敗れたＳＡＧＡＷＡの順位は14位と変わらず。ポゼッションでもシュート数でも相手を上回りながら、またしても勝ち点3を逃してしまった。昨シーズンのＪＦＬ覇者にしては、あまりにも不本意な内容と結果である。

昨年（07年）、共にＪＦＬに所属していた佐川急便東京ＳＣと佐川急便大阪ＳＣが合併して（親会社は「統合」と呼んでいる）誕生した佐川急便ＳＣは、その本拠地を滋賀県守山市に移転。「統合」１年目にして、見事にＪＦＬ優勝を果たしている。そして今季、クラブ名を『ＳＡＧＡＷＡ ＳＨＩＧＡ ＦＣ』と改め、ホームタウン滋賀への帰属意識をより鮮明にした。

ピッチ外でのポテンシャルも折り紙付きだ。１０００人収容ながらも屋根付きの自前のスタジアムを持ち、練習施設もＪ１クラブ並みに充実している。加えて親会社の佐川急便は、業界第２位ながら資本金１１２億７５００万円、昨年の売上高は７８２３億９９００万円のビッグカンパニー。彼らが本気を出せば、Ｊリーグに打って出ることなど造作もないだろう。

果たして、ＳＡＧＡＷＡにそのような野心はあるのだろうか？　さっそく、この疑問を当事者たちにぶつけてみることにしたい。

まずは現場サイドの人間の言葉に耳を傾けてみることにしよう。監督の田中信孝は現在36歳。旧ＪＦＬ時代の柏レイソルでプロのキャリアをスタートさせたが、戦力外となり、97年に佐川急便東京に入社。それまで、カレカやミューレルらキラ星のごときスター選手とプレーした田中は、東京都リーグ４部から新たなキャリアをスタートさせることとなった。

「（当時の佐川は）元Ｊリーガーがけっこう来ていて、それこそ寄せ集めでした。でも、今思うと破格な条件ですよ。金額もそうだし、サッカーをやる環境も。サラリーマンなのに、午後はサッカーやってもいい。都４部でそんなチームなんて、ないじゃないですか（笑）」

当時、佐川東京は、サッカー部の強化に血道を上げていた。目標は、毎年5月のゴールデンウイークに、滋賀県守山市にある佐川急便守山パーク（前出の陸上競技場もここにある）で行われるスポーツフェスティバル。「社内大会」とも呼ばれるこのレクリエーション行事では、サッカー以外にも、野球、ソフトボール、綱引きなどの競技が全国の支社対抗で行われる。「何だ、運動会か」とバカにしてはいけない。各支社の大会に懸ける意気込みと熱意は尋常ではなく、優勝を逃して悔し涙を流す社員もいるという。佐川急便の体育会気質を偲ばせる、非常に明快なエピソードだ。

「（サッカーの場合）出場するチームは、11から12チームくらい。3日間くらいでトーナメントをやっていたんですけど、朝7時からキックオフで1日3試合（笑）。その代わり20分ハーフ、決勝で30分ハーフでした。大袈裟でなく、ゴールデンウイークで全精力を使い果たすというような感じでしたね。（優勝したら）支社によってはご褒美旅行もあったみたいです。グアムとか、沖縄とか、北海道とか」

やがて、社内大会でも強烈なライバル関係にあった東京と大阪が、それぞれＪＦＬに昇格。アマチュア最高峰リーグでも火花を散らすことになる。「ＪＦＬで戦う試合は、社内大会とは違った緊張感がありましたね」と、往時の佐川ダービーを懐かしむ田中。だが、02年からスタートしたダービーは、突然の「統合」によって、わずか5シーズンで幕を閉じてしまう。

「統合の噂はけっこう外から聞いていたんですが、どこを拠点に活動するのかもわからなかったので、僕も含めてそういう不安はありました。もちろん、東京から滋賀に来るのには多少の抵抗はありましたけど、選手もすんなり受け入れられましたし、何より素晴らしい環境が得られました。サッカーをやるための環境、設備、時間。特に、サッカーに没頭できる時間はすごく増えたと思います。でも最近は、これが当たり前になってきているのかな、というのがありますね。この環境に甘え始めているのかなあと」

統合と移転の甲斐もあってか、昨シーズンは2位と14ポイント差をつけて優勝することができた。しかし一方で、得点王の御給匠（現横浜ＦＣ）をはじめ、３人の主力がＪクラブに引き抜かれてしまった。今季のチームの不振も、こうした戦力ダウンが背景にある。自身、元Ｊリーガーである田中は、この状況をどう捉えているのか、最後に聞いてみた。

「やはり、Ｊに行った3人の穴は大きかったですね。東京、大阪含めて、毎年ひとりくらいは引き抜かれていましたけど、これだけ一度にというのは初めてです。もちろん、現場を預かる身としては痛いですけど、ここで満足しているようではサッカー人としてはダメだと思うので、気持ちよく行ってもらっています。（今後は）彼らの穴をチームでどう補うか、どうやって点を取るかを追求したいですね」

続いて話を聞いたのは、ＧＭの伊藤庸夫、66歳。実は伊藤は、佐川のプロパーではない。その波乱に満ちたキャリアを思い切りはしょって記すと、以下のようになる。

66年に三菱重工に入社。開幕したばかりのＪＳＬ（日本サッカーリーグ）で杉山隆一、横山謙三らとプレーし、その後は同社駐在員などで14年間、ロンドンに滞在。その間、ＪＦＡの国際委員として、欧州視察に訪れる協会やクラブ関係者のアテンドをしたり、02年ワールドカップの招致活動を外側からサポートするなどの後方支援を続けた。帰国後は、サンフレッチェ広島の強化部長、滋賀のびわこ成蹊スポーツ大学教授を歴任。そこで佐川急便との接点が生まれ、東京と大阪が統合した07年より現職に就いた。

「このクラブで何を目指すか、という構想を僕が出したんです。僕が入る前のシーズン（06年）が、東京がＪＦＬ2位、大阪が3位。だから、現有戦力で優勝できるようなチームにしたい。それと地域とのタイアップ、サポーター作りというのも僕が提案したんです」

滋賀の地域性について、伊藤はこのように分析している。

「ここの地域では、野洲高校が（全国高校サッカー選手権で）優勝したし、僕のイメージでは（サッカーの盛り上がりが）あると思っていたんです。ところが来てみてわかったのは、高校までならそれがあるけれど、サポーターというものはいなかった。1年かけてサポーター作りを頑張ったけれど、これだけは難しいですね。強いだけではお客さんは入ってこない。（ＪＦＬで優勝した）去年の結果を見ても（平均入場者数が）９００人くらいでしたから」

長年ロンドンで暮らしていた伊藤にとり、日本の、とりわけＪクラブのない地方都市のサッカー環境は、想像以上に厳しいものに映ったようだ。加えて、当初は「ＪＦＬのレベルもよくわからなかった」という。そこで伊藤がモデルケースとして選んだのが、同じリーグのライバルであるＨｏｎｄａ ＦＣであった。

「どちらかというとウチは、Ｈｏｎｄａ ＦＣをお手本にしている部分がある。今年（ジュニアユースの）アカデミーを作ったんだけど、そういうスキームなんかもね。もともとＨｏｎｄａは実力面も含めて、Ｊリーグに入れるだけの条件は揃っていたんだけど、会社の方針で入らなかった。それでもＨｏｎｄａは、地域に密着しながらユースチームを持っているし、専門スタッフも置いてＪＦＬで戦っている。選手の中にはＪに行く者もいるけれど、クラブはそのまま。そういう形でもいいと、僕は思うんですよ」

その上で伊藤は、Ｊリーグよりも、もっと遠大な目標を捉えていることを示唆した。

「ＪＦＡやＪリーグの知り合いからは『伊藤、何で上を目指さないんだ』と聞かれる。でも『Ｊに行かない』というのは、最初から会社の方針としてあるのでね。ただひとつ、全体のレベルアップには貢献したい。日本サッカーが世界に飛び出すために、何ができるかですよ。たとえば育成をしっかりやって、どんどん人を送り込む。この施設を使ってね。遅咲きの選手を鍛えてＪに上げたり、将来的にウチのユースチームからＵ－17やＵ－20の代表選手が出てきたりすれば、素晴らしいことですよね」

インタビューの中で伊藤は、現状のＪＦＬが抱える問題点、さらにはＪ３の可能性などについても語ってくれた。いずれも非常に示唆に飛んだものであったが、紙幅の都合から断腸の思

CHRISTMAS

エチロード

いで削ることにした。いずれにせよ、いくら会社側が「Ｊに行かない」とアナウンスしたところで、これだけのキャリアを持つ人材を迎え入れたところに、何となく穿った見方をしてみたくもなる。ここはひとつ、伊藤をＧＭに招いた張本人にも話を聞いてみよう。

サッカー部代表、近藤宣晃の会社での肩書きは「常務取締役」。佐川急便のホームページにある「役員一覧」では、トップから数えて4番目の序列である。現在52歳。

この業界に詳しい友人によれば「いずれ佐川のトップに立つ」くらいの逸材らしい。そういう人物が、ＪＦＬのクラブの部長をやっていることに、サッカー好きとしてはいささかの親近感を覚える。実際、この人は関西リーグでのプレー経験があるくらい、サッカーを愛して止まない御仁らしい。

「私が大阪の支社長をしていた02年に（佐川大阪が）ＪＦＬに上がってしまったんですよ。すでに東京が上がっているにもかかわらず（笑）。私自身、地域決勝（全国地域リーグ決勝大会）や全社（全国社会人サッカー選手権大会）も観に行きました。まあ、自分のところのチームなので『負けるな！』と気合を入れに行くじゃないですか。別に上を目指していたわけではないけれど、結果として、同じ佐川のチームがＪＦＬにふたつできてしまったわけです」

地域決勝や全社は、地域リーグから上を目指すクラブが必ず通る大会である。佐川東京は00年に、佐川大阪は翌01年に、いずれも地域決勝で優勝してＪＦＬ昇格を果たしている。実は両者を統合するという案は、すでにこの頃からあったと近藤は語る。

「一般的な見方として『なぜ同じ会社のチームがふたつも上がってくるか』と。半分働いているとはいえ、今のＪＦＬでは１００パーセントの仕事をした上での余暇、というレベルではないですから。であれば、ひとつにするのがベストではないか、というのはだいぶ前からね。多分、役員の皆さんもそう思っていたんじゃないですか」

この突き放したような言葉に、何とも言えぬ違和感を覚える。確かに、東京と大阪の統合は、最終的には役員会で決まったのだろう。とはいえ、統合から滋賀への移転に至る一連の筋道を作るのに、現場をよく知る近藤がまったく無関係だったとは到底思えない。

ところで滋賀といえば、かつては「社会人サッカー不毛の地」であったが、この1年ですっかり様相が変わってしまった。今季、将来のＪリーグ入りを目指すＭＩＯびわこ草津が関西リーグ1部からＪＦＬに昇格。さらに、県協会の肝いりで発足した滋賀ＦＣも、これまた将来のＪリーグ入りを目指して今季から関西リーグ2部で活動している。気が付けば、社会人サッカークラブが群雄割拠する状況になっていた滋賀にあって、ＳＡＧＡＷＡの立ち位置も揺らいでいるように思える。果たして、近藤の考えはどうか。

「サッカーを軸に考えると、確かにそうかもしれない。けれど当社は、もともとＪに上がるつもりはないんです。ここ守山には、われわれの美術館や財団もありますし、そういう位置付けで滋賀県を軸にしているという話だけなんです。（県の）サッカー協会の立場だったら、すでにJを目指すチームがあるのに、なぜ佐川急便が滋賀に来るのかっていう話になると思うんですよ。でも当社としては、Jに行くためとか、あるいはサッカーを強くするために、ここに競技場を作ったり、チームを誘致したりしてきたわけではないんです。そこのところは、ご理解いただきたいですね」

そう語った上で近藤は、あくまでもSAGAWAには野心がないことを強調した。

「Jリーグの構想というのは、地域密着でひとつの企業スポンサーに頼らないというものだったと思います。だとすれば、当社はそれを宣伝とは見ていない。もともとは、仕事で頑張っているドライバーが集まってできたのが、われわれのチームですから。それに広告宣伝ということを考えるなら、たとえばMIOさんと一緒になって目指してもよかっただろうし、あるいはどこかのチームを買えば済む話じゃないですか。でも、そうじゃない」

ひと呼吸置いて、近藤はさらにこう続ける。

「われわれの想いは『人の流れを作りたい』ということなんですよ。当社は美術館をはじめとして、財団法人を4つ持っています。この守山の地を文化の発信拠点として、いろんなコラボレーションをしながら大きく育っていければいい。ですからウチはJを目指すのではなく、あくまで企業のチームとして残っていくのがいいのかな、とは思っていますね」

すべてのインタビュー取材が終わってから、広報担当の女性に案内されて、佐川美術館を急ぎ足で見学した。人工の泉に浮かぶ、巨大な切妻屋根のフォルム。展示は大きく3つに分かれていて、日本画の平山郁夫、彫刻の佐藤忠良、そして陶芸の樂吉左衛門の作品が、それぞれ趣向を凝らして展示してある。近藤の「人の流れを作りたい」というのは、美術であれ、スポーツであれ、こうした魅力的なコンテンツを提示することで、人々が集い、交流する場を創出することなのだと理解した。そして珠玉のコレクションを鑑賞して、私はあらためて「佐川という企業は、あくまでナンバーワンを目指しているんだな」という感慨を抱いた。

果たしてSAGAWAは、地域に根差した企業チームとして、JFLのナンバーワンであり続けるのか。それとも期が熟したなら、いずれJFLのさらに上を目指すのが。現時点では判断するのは難しい。ただ、これだけは断言できる。すなわち、5年後、あるいは10年後も、SAGAWAが現状に甘んじていることは決してない、ということを。

佐川東京にせよ、佐川大阪にせよ、ほんの10年ほど前は、社内大会の強化からスタートした同好会的なサッカー部でしかなかった。ところが気が付けば、アマチュア最高峰のJFLまで駆け上がり、そこで統合してチャンピオンになり、さらにはJリーグにタレントを輩出するまでのクラブになった。ゆえにSAGAWAという企業チームが、いつまでもJFLの「門番」で満足するようには、どうしても思えないのである。

本稿を締めくくるにあたり、SAGAWA SHIGA FCの知られざる「前史」をご紹介することにしたい。

このクラブの沿革についてリサーチしていると、誰もが最初は戸惑いを覚えることになる。ＳＡＧＡＷＡが07年、佐川急便東京ＳＣと佐川急便大阪ＳＣの統合によって設立されたことはすでに述べた。しかしよくよく調べてみると、それぞれの出自が何とも突拍子もないのである。

東京の場合、１９９８年に東京都リーグ４部を振り出しにしているが、翌99年には『佐川急便東京フリエ』として、いきなり都1部にジャンプアップしている。その後は都1部優勝、関東リーグにも優勝（当時は2部はなかった）、地域決勝でも優勝して、01年からは晴れてＪＦＬへの昇格を果たしている。

大阪の場合も、その出自は実にミステリアスだ。関西リーグに所属していた、大阪体育大学の2軍チーム『体大蹴鞠団』（前身は65年設立の『北摂蹴鞠団』）が、97年に突如「佐川」を名乗るようになり、02年にはＪＦＬに昇格している。静岡県リーグからスタートし、かつてのＪＳＬでも着実な実績を残してきたＨｏｎｄａ ＦＣに比べると、同じ企業チームながらＳＡＧＡＷＡの登場の仕方は、あまりにも唐突に過ぎるのだ。

大阪に関しては、体大蹴鞠団に在籍していたＯＢに話を聞くことができた。現在、滋賀県草津市にある綾羽高校サッカー部で監督を務める岸本幸二によれば「蹴鞠団が佐川と『合併』することで、卒業生の進路ができる（＝佐川急便に就職できる）という話を聞いたことはあります」とのこと。ただし、その後は「別のチームという感じ」になってしまい、岸本自身、特に関心を払うことはなかったという。余談ながら前身の北摂蹴鞠団は、「イビチャ・オシムを日本に呼んだ男」として知られる、祖母井秀隆が監督を務めていた。

残念ながら、大阪における「佐川」の歩みについては、当時のことを詳しく証言できる人間を見つけることはできなかった。しかし東京については、草創期に関わった当事者のひとりから話を聞くことができた。事情により名を秘しての紹介となるが、佐川東京成立の過程に関する重要な証言ゆえ、ご容赦いただきたい。

＊

出身は栃木です。東京の大学を出て、そのあと全日空。当時は「契約社員」といって、サッカーしかやっていないんですけど。社員で入った反町（康治）とは、ずっと被っていましたね。S級（指導者ライセンス）を取ったのも同じ年（00年）でした。

その後（全日空が横浜フリューゲルスになって）加茂周さんが監督になったんですけど、そのときのサッカーがゾーンプレスのさきがけで、FWからプレスを掛けていくという感じだったんです。でも、当時の僕は27歳くらいで、年齢的に非常にきつかった。それで加茂さんに頼んで、東京ガスに移籍させてもらいました。当時、東京ガスは旧JFLの2部で、カテゴリーを上げるために苦戦していたんです。藤山（竜仁）とか、アマラオなんかが入ってきたのは、そのすぐ後ですね。

（現役引退後は）FC東京のジュニアユースを立ち上げたり、フリューゲルスのユースのコーチをしたりして、それから（98年に）佐川東京の監督になったんです。その頃の佐川東京は、元Ｊリーガーをたくさん獲っていましたが、どのカテゴリーにも登録していなかった。単に社内大会のために選手を獲って、そのためだけに練習していたんです。

当時、グループ内では大阪がトップクラスで、東京はぜんぜん勝てない。でも、大阪にはどうしても、社内大会で勝ちたかった。そこで、強化のために私を招いたんですね。いちおう人事課の社員で、雇われ監督という身分だったんですが、私としては社内大会に勝つことも大事だろうけど、いいチームを作るためにはＪＦＬ参入しかない、という考えでした。

だって、関西リーグに所属していた大阪に対して、どこのリーグにも所属していない東京が勝てるわけがないじゃないですか。普段からリーグ戦でチームを鍛えて、大阪くらいに、つまり関東リーグやＪＦＬに行けるチームにすれば勝てますよ、ということで（監督に就任する前年に）東京都リーグ４部に登録申請させたんです。まずはそこからですよ（笑）。

でも、３部、２部、１部、そして関東リーグ……そんなに待てないじゃないですか。ただ、私は当時、全日空のＯＢを集めて『東京フリエ』というクラブを作っていて、そこが都１部に所属していたんです。で、最初の１年で佐川のチームを３部に引き上げたところで、（99年に）東京フリエのメンバーと入れ替えて、都１部の『佐川急便東京フリエＳＣ』にしたんです（翌00年に『佐川急便東京ＳＣ』に改称）。まあ、問題もありましたよ。ちょっと強引だったかもしれない。けれど、ほとんどは全日空時代の仲間だったし。それにチームも残したし、ユニフォーム、ボール、用具も渡しましたからね。

会社の人たちは、都リーグが何部あるかとか、関東リーグが何かとか、まったくわかっていませんでしたね。大阪の近藤支社長（当時）ならご存じでしたでしょうけど、東京には誰もわかる人がいなかった。だから、会社をどう説得するかですよね。

「社内大会に勝つために、都リーグで優勝して関東リーグに行けるんですけど、年間登録費でいくら、運営費でいくらかかります。どうしますか？」っていえば、総務も「うむ」といって出すじゃないですか。で、関東リーグでも優勝しちゃって「地域決勝でも勝っちゃいました。ＪＦＬに行かないといけないんです。年間２０００万円くらいかかるんですけど、どうします？」というと「よっしゃ」ということで（笑）。それでも「ＪＦＬに行けば、会社にとって、これだけのメリットがあります」と。それはちゃんと説明していました。

反対勢力？　そりゃあ、いましたよ。私が入ったときには、サッカー部の予算は年間１００万円だったんです。ウエアからグラウンド代からボールから、全部で１００万。だけど佐川の場合、サッカーよりも野球なんですよね。社内の人間も野球上がりばっかり。だから最初の頃は「野球部の予算を上回ることは絶対にダメだぞ」って言われていたんです。

当初、野球部は２００万円、サッカー部は１００万円。でも2年目に１８０万円くらいになって、差をつけないといけないということで野球も２５０万円くらいになったのかな。でも３年目は一気に逆転して、こっちが４００万で向こうが３００万。で、４年目はＪＦＬに行ったので、2000万以上は使っていました。そうこうするうちに、大阪のほうも「東京はJFLに行ったんですよ」というわけで、（対抗意識から）JFLに行きやすくなったんじゃないですかね（笑）。

佐川東京をJリーグに、ですか？　もちろん、考えていました。Jの分配金や外部からスポンサー収入を得られれば「佐川にとっては安い買い物ですよ」という提案までしたんです。ただし一番のネックは、スタジアムがないことでしたね。

Jリーグのゲームを開催できるスタジアムは、東京には味スタ（味の素スタジアム）しかない。FC東京と（東京）ヴェルディが入っているから、土日に分けても3チームは無理なんです。国立競技場は国のものだし、駒沢（駒沢オリンピック公園総合運動場陸上競技場）はナイター照明がないし、西が丘（国立西が丘サッカー場）は立ち見で1万席もない。江戸陸（江戸川区陸上競技場）は7000人も入らないし、夢の島（江東区夢の島陸上競技場）は増築できない。だから、そこまで動かすパワーは、残念ながら当時の私にはなかったですね。

（東京・大阪の統合については）私が会社を辞めていなければ、滋賀に移転することはなかったと思います。東京を離れたくなかった。東京へのこだわりがあったからです。

これまでのJリーグは、浦和とか新潟とか鹿島とか、そういう地域のほうが根付いている。でも、Jが始まって百年経てば、きっと首都・東京に強いクラブができている。そうあるべきだと思うんですよね。

【付記】２０１２年10月22日、ＳＡＧＡＷＡ ＳＨＩＧＡ ＦＣはＪＦＬでの活動停止を発表。統合からわずか６シーズン目のことであった。活動停止の理由については「ＪＦＬで３回の優勝を果たし、『仕事とサッカーを両立させ、企業スポーツとしてアマチュア最高峰であるＪＦＬで活躍する』というチーム設立時の理念について一定の成果を果たしたという結論に至り」（佐川急便のリリースより）としている。

なお、元佐川東京の選手やスタッフの中には、東京23ＦＣやＶＦＣ東京や東京ベイＦＣなど、都内で活動するアマチュアクラブでサッカーを続けた者も少なくない。その中から新たに「首都・東京に強いクラブ」が誕生することを密かに期待したい。

第4章 いつか「普通のクラブ」になるまで

福島ユナイテッドFC

――2011年・春／12年・冬

被災地にもいずれ、サッカーができる日はやってくる。

東日本大震災の発生から2カ月が経過した5月15日、東北社会人リーグ1部が開幕。多くのクラブが、今回の震災で多かれ少なかれ影響を受けている中、私が選んだカードは福島ユナイテッドFC対秋田FCカンビアーレであった。ユナイテッドのホームゲームではあるが、会場は福島ではなく、宮城県仙台市にあるアディダススポーツパーク。震災に伴う原発事故の影響で、福島県内での開催が不可となってしまったためである。

将来のJリーグ入りを目指すユナイテッドだが、今季はこの試合のみならず、すべてのホームゲームを県外（仙台大学グラウンドや盛岡南公園球技場など）で開催することが決まっている。慣れない会場での運営にかかるストレス、そして移動にかかるコストが、ただでさえ経営も運営も楽ではないクラブに重くのしかかる。

「確かに、ホームという感じはしないですよね。それでもいろんな方々に手助けしていただいたり、ご迷惑をおかけしたりしながら県外で（ホームゲームを）やらせていただいているわけですから。これを言い訳にしてはいけないし、与えられた環境の中で何ができるかを考えていかないと。そのことは選手たちも理解してくれています」

昨年からチームを率いる手塚聡は、神妙な顔つきでそう語る。確かにクラブを取り巻く状況は厳しい。それでも、今なお避難所での生活を強いられている人々が県内に5000人近くもいる中で、サッカーができるのだ。そのことは、ユナイテッドの選手全員が自覚している。

しかし、序盤の彼らの動きが堅かった。JFL昇格のプレッシャーに加え、震災による1カ月のブランク、そして福島県民を元気づけたいという想いが重なり、気持ちばかりが空回りする。

ゲームが動いたのは57分。ユナイテッドは10番の金功青の泥臭いゴールで先制すると、そこからPKと流れの中からさらに2点を追加。アディショナルタイムにはカンビアーレにPKによるゴールを許すも、終わってみれば3対1で完勝した。

かくしてユナイテッドは、震災以来の長く苦しい葛藤の日々を乗り越え、最初の公式戦を勝利で飾ることができた。しかしながら、原発事故の影響に怯える状況に変わりはないし、クラブが被る苦難やプレッシャーは今後も続くことだろう。福島ユナイテッドの「見えない敵」との戦いは、今まさに始まったばかりだ。

試合の2日前、福島市内にある十六沼公園の人工芝グラウンドにて、ユナイテッドの練習を取材した。グラウンドの遠景に広がる、山々の新緑が実に美しい。そんな牧歌的な風景の中で、目に見えぬ放射線が今も飛び交っているのだろうか。

そういえばカーラジオから流れる地元ＦＭ局は、福島市内の放射線量を定期的に速報していた。日常の中の、目に見えぬ恐怖。そのストレスは、当地に暮らす人々にとっていかばかりのものであったか。

やがて紅白戦が始まる。この日は21名の選手が参加していたが、怪我で別メニューの選手がいたため、２名のコーチが代わりにコートに入っていた。実は震災後、７名の選手が現役引退、もしくは移籍により福島から去っている。急遽２名のコーチを選手登録して、ようやく22名を確保したものの、ＧＫは２名のみ。この人数で今季は東北リーグ14試合を戦い、さらにＪＦＬ昇格を目指さなければならない。

ユナイテッドのメンバーは、ほとんどが県外から来た選手ばかりである。それゆえ、原発事故の収束が見えない福島でプレーを続けることに、各々が少なからずの葛藤を抱えていたことは容易に想像できる。遠く九州は福岡出身のキャプテン、青柳雅信は語る。

「震災後、いったんチームは解散して福岡に帰りました。こっちに戻るときには、家族や友人から『本当に大丈夫なのか？』と何度も心配されましたね。でも僕自身は、絶対に戻る気でいました。せっかく呼んでもらっても、ずっと結果を出せていなかったし。今季からキャプテンにもなったので、絶対に福島に恩返しがしたかったんです」

では、地元出身者の想いはどうだろう。ヘッドコーチの時崎悠は福島市出身。湘南ベルマーレ、水戸ホーリーホックでプレーし、07年に「福島からJを目指すクラブ作りに力を貸してほしい」と乞われて帰郷した。妻子は、妻の実家がある大阪で暮らしているという。

「震災後、僕も大阪に一時避難しましたが、家族を置いてこっちに戻ってくることになりました。一時は『チームがなくなるかもしれない』という状況も考えられましたが、今は東北リーグでサッカーができる喜びを感じています。確かに、『福島でサッカーなんかできるの？』とよく聞かれます。でも、そういう土地でもできるんだということを、クラブの活動を通して発信していきたいですね」

時崎悠の実弟で、地元銀行に勤めながらプレーを続ける時崎塁も、福島県人としての誇りと使命感を感じさせるコメントを残している。

「昨シーズンはJFL昇格だけが目的でしたが、今季は福島のイメージアップというのも（クラブとしての）使命だと思っています。今、あちこちで福島に関する風評被害が出ているじゃないですか。でも、福島ユナイテッドの名前が知られることで、そうしたものを少しでも払拭できればと思います」

宮城、岩手、福島の3県だけで、1万5000人以上の死者を出した、2011年3月11日の東日本大震災。このうち、最も状況が深刻かつ複雑なのが福島である。

10
6
8

上：福島ユナイテッドFCを率いる手塚聡（左）とコーチの時崎悠。
下：原発事故の影響により福島県内での東北リーグ開催は見送られた。

津波の被害があったのは「浜通り」と呼ばれる沿岸地方。南相馬の被災地を訪れてみると、そこには筆舌に尽くし難い津波被害の光景が広がっていた。もっとも浜通りは、福島第一原発事故の警戒区域とされる「20キロ圏内」とも重なっており、もはや個人が安易に立ち寄れる土地ではなくなっている（日本代表が合宿トレーニングを行ってきたJヴィレッジもしかり）。

福島第一原発を中心とする20キロの同心円は、実のところ「最も放射線量が多い」というわけではない。風向きによっては、60キロ離れた「中通り」に位置する福島市内でも、高い放射線量が測定されることがある。それでも地元の人々が、これまでとあまり変わらない生活を送っていることに、東京からやってきた私は大いに驚かされたものだ。

そんな中、最も大きく様変わりしたのは、スポーツをめぐる環境である。福島県サッカー協会専務理事の倉田泰明は語る。

「文科省から『毎時3・8マイクロシーベルトが安全基準』という通達がありましたけど、本当にそれでサッカーをやっていいのかどうか判断しにくい難しさはありますね。特にお子さんを持つ親御さんは心配しています。学者によっても言っていることが違っていますから。でも、だからといって、県の体協やサッカー協会で独自の数値は決められませんよね」

郡山市にある市立明健中学校の場合、われわれが取材した5月中旬の時点では、屋外での体育はまだ自粛されていた。部活動はゴールデンウィーク明けからスタートしたものの「雨が降った場合、中体連も高体連も即中止。強風も望ましくない」という通達があったという。

「ですから室内スポーツに転部させる親もいるようです」

そう教えてくれたのは同校の体育教師で、東北リーグ1部所属に所属するFCプリメーロの監督でもある原竹博である。

実は今回の震災と原発事故の影響により、福島県サッカー協会は「県内でのリーグ戦開催は現時点では不可能」という旨を東北1種委員会に報告。結果、プリメーロをはじめ、2部に所属する福島県勢（いわき古河FC、バンディッツいわき、メリー、FCシャイネン福島）は、今季のリーグ戦参加を見合わせることとなった。無念をにじませながら、原竹は続ける。

「プリメーロには30代以上でも頑張っている選手もいるんです。アマチュアですが、みんな1年1年に懸けているし、本当はやりたかったんです。ですから『今年は止めようと思う』と伝えた時は、とても苦しかったですね」

そんな中、福島県勢でユナイテッドだけが（全試合を県外で行うとはいえ）リーグ戦に参加することになったことについて、他のクラブ、とりわけ県内のサッカー界を牽引してきたという自負を抱く、プリメーロ関係者の想いは複雑である。原竹は教育者らしく、言葉を選びながら語ってくれたが、その端々からはぶつけようのない憤懣が感じられた。

「ウチのクラブは、プロを目指しているわけではないので、選手から会費を集めて運営しています。それでも、たとえば遠征で青森までバスをチャーターしたりすると、かなりの出費になるわけですよ。ユナイテッドさんはそれなりにお金があるから、全部アウェーでもできるんだろうけど、ウチらにはできない相談ですからね。『（県民に）元気を与える』というのはわかるんだけれど、県内で（試合が）できずに意味があるのかなと。個人的には『頑張ってほしい』とは思いますよ。けど『なぜ、そこまでやるんだ』と感じている人もいます」

今回の原発事故は、土地や海や空気を汚染したのみならず、さまざまな場面で人々の感情や関係性にも深い傷を残すこととなった。ユナイテッドと他の県内のクラブとの間に横たわる、複雑な感情のもつれに想いをめぐらせると、何とも暗澹とした気分にさせられる。

それでも、余所者の私は思うのである。今季におけるリーグ戦参加の決断と不参加の決断。それらはいずれも尊重されるべきである――と。

この未曽有の難局にあって、あえてリーグ戦参加を決断した福島ユナイテッドＦＣ。原発事故によるホームゲームの禁止、選手の離脱、そしてスポンサー集めでも相当の苦労を強いられているはずだ。にもかかわらず、茨の道を進むことを選択したのはなぜか。私の疑問に答えてくれたのは、クラブの運営本部長、鈴木英寿である。

鈴木は仙台出身の37歳。サッカー専門誌編集者、フリージャーナリスト、ＦＩＦＡ公式エディター、ベガルタ仙台マーケティングディレクターという実に波乱に満ちたキャリアを経て、今季からユナイテッドの経営と運営を一手に切り盛りしている。

「今は『福島』と聞くだけで、非常に悪いイメージがあります。ＴＶを点ければ、とんでもない映像ばかり流れていますしね。そんな中、僕が選手に言ったのは『ゼロか100かでやってほしい』ということ。もちろん不安はあるだろうし、家族から反対されている選手もいます。それでも、監督から聞く限りでは『昨年以上に（チームは）団結している』と。まったく同様のことは、ベガルタさんからも聞いていて、それが今季の強さにつながっているのでしょうね」

鈴木の言葉からは、まったくと言ってよいほど不安も焦燥も感じられず、むしろ山積する困難をものともしない強い意欲と自信ばかりが伝わってくる。そして、開幕戦以降のユナイテッドもまた、第5節を終えて5戦全勝と絶好調。得点28、失点1という圧倒的な力の差を見せつけて首位を走っている。資金面についても「福島を元気にする」というクラブの姿勢を後押しする形で、中口や小口のスポンサーが集まっているとのこと。このまま順調に勝ち進めば、東北リーグを制して地域決勝（全国地域リーグ決勝大会）にコマを進める可能性は極めて高い。

もっとも、首尾よく来季JFL昇格を果たしたとして、福島の発事故をめぐる状況が収束しているのかどうかは誰にもわからない。それでも（復興支援がそうであるように）、被災地におけるスポーツ活動については、長期的な視野に立って見守ってゆく必要がある。

鈴木が危惧するとおり、今後もしばらくの間「福島」は、「原発事故」とセットで語られることだろう。そんな中、フットボールを生業としている私に、果たして何ができるだろうか。

震災後の日本のサッカー界では、J1で首位争いを続けるベガルタの奮闘ぶりや、岩手県出身の元日本代表・小笠原満男の被災地支援活動が話題となっている。しかしJクラブがない福島には、「復興の象徴」となり得るようなアイコンに乏しいのが実情だ。

ならば私は、震災と原発事故以降も福島に生き、福島でサッカーを続けている人々のことを伝えていきたい。そしていつの日か、福島ユナイテッドFCがこの危機を乗り越え、福島県から初となるJクラブとなることを、願って止まない。

＊

震災後に初めて福島を訪れてから、瞬く間に1年半が経過した。

福島市から遠く1110キロ離れた、長崎市総合運動公園かきどまり陸上競技場。2012年11月30日より、ここでJFL昇格を懸けた地域決勝の決勝ラウンドが開催される。会場に到着した私に声をかけてくれたのは、ユナイテッドのサポーターであり個人スポンサーでもある佐藤健一郎。佐藤は東京在住ながら、祖父母が暮らす福島に帰属意識を抱き、ほとんどの週末をユナイテッドの応援に費やしている。3大会連続となるJFLへの挑戦について、佐藤は思いのほか楽観していた。

「JFL昇格ですか？　もちろん確信していますよ。初めて1次ラウンドを突破しましたし、天皇杯でもヴァンフォーレ（甲府）とアルビレックス（新潟）を破って、今はまさにイケイケの状態ですからね。不安材料があるとすれば、エース久野純弥の状態。怪我で1次ラウンドは出ていませんでしたが、きっと決勝ラウンドに照準を合わせてきていると思います」

長崎での決勝ラウンドでユナイテッドが対戦するのは、SC相模原（関東）、クラブフィールズノルブリッツ北海道（北海道）、そしてファジアーノ岡山ネクスト（中国＝全社枠）。今大会では、1位と2位のチームがJFL昇格、3位チームがJFL17位（最下位）の栃木ウーヴァとの入れ替え戦に回ることになっていた。

初戦の相手はノルブリッツ。相手の徹底したドン引きディフェンスに手を焼き、12本のシュートを放ちながら（ノルブリッツは5本）スコアレスドローで90分が終了する。その後、大会規定によりPK戦に突入。スリリングなロシアンルーレットは、ノルブリッツの8人目が失敗し、ユナイテッドの時崎塁が成功したことで、辛くも勝ち点2を確保した。

続く2戦目の相手は、ファジ・ネクスト。待望の先制ゴールを挙げたのは、怪我のため1次ラウンドを欠場していた久野であった。58分、相手GKとの1対1を制して左足でゴールネットを揺らすと、久野は一目散にベンチに駆け寄って、今季からチームを率いる時崎悠の胸に飛び込む。久野の右足に固く巻かれたテーピングは、長く苦しいリハビリの日々の証であった。

その後、ユナイテッドはさらに攻勢を増してゆく。78分、右コーナーキックからファーで時崎塁がヘッドで折り返し、最後は吉溪亘が押し込んで追加点。そしてアディショナルタイムには、益子義浩がフリーのポジションから見事なループシュートを放ち、ダメ押しの3点目を決める。

初戦の決定力不足を払拭するような怒涛のゴールラッシュで、首尾よく勝ち点を5に伸ばしたユナイテッドは、これで3位以内が確定。選手もベンチも、そして遠く福島から駆けつけたサポーターも、誰もがこの歓喜の瞬間を満面の笑顔で分かち合った。

続く第2試合は、SC相模原がノルブリッツに3対0で勝利して勝ち点を6に伸ばす。この結果、決勝ラウンド2日目にして相模原とユナイテッドの来季JFL昇格が決定。例年「魔物が棲む」と言われる地域決勝だが、今大会については将来のJリーグ入りを目指す2チームが順当に勝ち進み、晴れてJFLへの切符を手にすることとなった。

「岡山とは今年の全社（全国社会人サッカー選手権大会）で戦っていたし、ウチと比べてそれほど選手層が厚いわけでもないので、しっかり対策を立てることができました。（先制点を決めた久野については）今日は痛みが出ないことを確認して（試合に）出しました。長崎に来る前、彼には痛みの恐怖を和らげるトレーニングを課してきました。明日はもっと走れると思います」

監督の時崎悠は、かすかな安堵感を漂わせながら、試合をこのように総括した。実は決勝ラウンド直前、彼は休みを返上してトレーニングができる公園を探し出し、トレーナーと共に久野のリハビリに付き合っている。現役時代、何度も膝の手術を受けた経験を語りながら、痛みの恐怖に打ち勝つよう、辛抱づよくエースストライカーの復帰を待ち続けた。劇的な先制ゴールの背景には、そうした目立たない部分での監督の心配りがあったのである。

それにしても感慨深いのは、指揮官の口から「選手層が厚い」という言葉が出てきたことだ。というのも昨シーズンのユナイテッドは、常にメンバー不足に苦みに続けてきたからだ。

昨年の震災とそれに伴う原発事故により、7名の選手が止む無くクラブを去ったことは先に述べた。その中には2名のGKが含まれていたため、クラブは慢性的なGK不足に苦しみ続けることとなる。

それでも昨年は何とか東北リーグは制したものの、守護神の内藤友康が膝の古傷を悪化させて、地域決勝の初戦でリタイア。第2GKも負傷していたため、選手兼任コーチだった時崎悠が背番号5のGKとして出場することとなった。だが、急造GKでしのげるほど地域決勝は甘くはない。実力を発揮できないまま、ユナイテッドは1勝2敗で1次ラウンド敗退となった。

大会後、チームを2年間率いてきた手塚は退任。後任監督にコーチの時崎悠が昇格したのは当然の成り行きであった。弟の塁と共に、数少ない地元福島の出身。しかも長年チームに関わってきたので、選手やサポーターからの信頼も厚い。だが実際のところは、財務面の不安に加えて原発事故の影響もあり、外部から経験のある監督を呼べなかったという事情もあった。

取材を終えて撤収する際、原発事故から逃れて大阪で暮す妻と子供たち、そして東京から駆けつけた姉と喜びを分かち合う、若き指揮官の姿を見かけた。そういえば昨年、地域決勝1次ラウンドの会場だった淡路島のアスパ五色サッカー場でも、同じような光景を目にしたことを思い出す。「日本で最も過酷な大会」と言われる地域決勝。しかし時崎家の人々にとっては、サッカーを通じて家族が集まる大切な場となっていたのである。

TOKISAKI
UNITED
FUKUSHIMA
がんばろう日本。
FUKUSHIMA
United
Football Club
FURUNISHI
JFL
hummel
JA共済

I LOVE
I NEED
hummel
NIRAKU
JA共済
表彰状

震災後に初めて福島を訪れてから1年半の間、福島ユナイテッドFCには人事で大きな変化があった。今年7月、運営本部長の鈴木英寿が突然退任したのである。

理由は詳らかではないが、クラブの経営と運営を一身に担ってきた鈴木の退任は、ユナイテッドにとって多大なる痛手となるはずであった。これからどうなるのだろうと案じていたら、その1カ月後に「クラブダイレクター」として竹鼻快《たけはなかい》が新たに就任したことが発表され、さらに驚かされた。

現在36歳の竹鼻は、奇しくも鈴木と同じ仙台出身。大学卒業後、湘南ベルマーレのスタッフとなり、運営や営業や強化の現場でのノウハウを叩き込まれる。その後、当時JFL所属だったガイナーレ鳥取のGMに31歳の若さで転身。人口最小県にJクラブを誕生させるという、難しいミッションを実現させた（私が取材を通して竹鼻と出会ったのはこの頃だ）。

そして今年、鳥取を離れて新たな道を模索していたときに、かつてベルマーレでプレーしていた時崎悠から熱烈なラブコールを受け、迷うことなく福島行きの新幹線に飛び乗ったという。

「いろんな意味でリスクのある仕事なのはわかっていました。でも、そういう話にどうしても飛びついてしまう性格なんでね（笑）。気が付いたら夢中で刀を振り回していましたよ」

冗談めかしに語る竹鼻だが、フロント業務全般に知悉し、あらゆるクラブに人脈を持ち、しかも現場でも気の利いたサポートができる彼の加入は、3度目の地域決勝に臨むユナイテッドを力強く後押しした。決勝ラウンド直前、雪がちらつく福島を離れて栃木や長崎で練習場を確保し、決戦に向けた万全の準備が可能となったのも、竹鼻の幅広い人脈と巧みな交渉能力の賜物であった。

「福島の人々に元気を」を合言葉に、今回の地域決勝を戦い続け、見事にＪＦＬ昇格を果たした福島ユナイテッド。だが、ＳＣ相模原との第3戦は0対1で敗れ、結局2位で今大会をフィニッシュすることとなった。試合後、破顔一笑で優勝を喜ぶ相模原に対し、前日から一転、ユナイテッドの選手たちは口を真一文字に結んだままロッカールームに引き上げていく。

「昇格という目標を達成できたのは嬉しいですが、今大会は運もありました。今日の試合は力負けでしたね」と指揮官が語れば、「選手も勝つつもりでいたんですけど、やはりメンタル面での難しさはありました」とクラブダイレクターも腕組みしたまま、どちらも笑顔はない。

確かに、ほろ苦い結末ではあった。それでも、震災と原発事故による逆境を乗り越えて、ユナイテッドが地域決勝の壁を突破した意義は大きい。ゆえに、このクラブに関わる誰もが、今回の結果を十分に誇ってよいだろう。そして来季からのＪＦＬでの戦いでも、これまで以上に奮闘して福島のポジティブな面を全国にアピールしてほしいものだ。

それにしても、ユナイテッドが全国リーグを戦うことなど、つい3年前にはなかなか想像できないことであった。震災前年の10年8月には、１０００万円の資金不足に陥って「緊急事態宣言」を発表し、広く支援を呼びかけたという思い出したくない過去もある。

極めて脆弱な経営基盤でしかなかったユナイテッドが、「福島の人々に元気を」与える存在となり得たのは、誤解を恐れずに言えば、震災と原発事故という予想外のアクシデントがあればこそであった（実際、取材に応じてくれた何人かの関係者も、その事実を認めている）。そしてもうひとつ、鈴木英寿という型破りかつ破天荒でありながら、実務能力に長けた人物が現れなかったら、クラブの存続は危うかっただろう。

ユナイテッドの元運営本部長、鈴木英寿と東京で再会したのは、FIFAクラブワールドカップが開催されていた12年の師走のことであった。福島を離れてから、鈴木はイングランドのマンチェスターに拠点を移し、マンチェスター・ユナイテッドでプレーする香川真司をはじめとする現地のニュースを日本に配信している。そんな鈴木と再会したのは、ちょうどFIFA公式サイトのエディターとして、クラブワールドカップ開催に合わせて帰国している頃であった。

東北リーグからプレミアリーグ、さらにFIFA。私自身、ワールドカップの取材から戻ってすぐに地域リーグを取材するような人間であるが、鈴木もまた地域リーグとプレミアリーグが「同じ地平」にあると感じている。それは「福島ユナイテッドをマンチェスター・ユナイテッドのようにしたかった」と真顔で語っていることからも明らかだ。

「マンチェスター・ユナイテッドって、実はメディア系企業なんです。実際、ニューヨークにＩＰＯ（新規株式公開）した時の業種は『エンターテイメント』で、企業価値や収入源の説明においてはＴＶ放映権やライセンス商品が強調されていました。他のプレミアのクラブも、ペイチャンネルを持っていたり、ネット動画配信をしていたりしていて、月額何ポンドかのクレジット決済を収入源としています。では、それを日本で実現するためにはどうすればいいのか。逆算していくと、一番のスタート地点が地域リーグだったわけです。今だから言いますけれど、そういう挑戦的なクラブ作りを僕は福島で実現させたかった。さらに言えば、そういうビジョンを全スタッフが共有できて、なおかつ現場とも共有していけば、福島ユナイテッドはいずれマンチェスター・ユナイテッドになっていた。そう、今でも思っています」

それだけ壮大な夢を描きながら、結果として福島を離れることになった一番の理由は「責任と権限が与えられなければ、自分がいる意味はないと思ったから」。その一方で「自分の任期中、Jクラブになるための基盤は作りました。これでまた経営危機に陥るようなことになったら、本当にアホですね」とまで断じる。相当な自信である。

元運営本部長の鈴木と、現クラブダイレクターの竹鼻。タイプは異なるものの、同世代の仙台出身であり（出身高校は鈴木が仙台第一、竹花は仙台第二）、クラブの経営や運営についての高いナレッジとノウハウを持っている。そうした異能者たちが、入れ替わるように福島にやって来たことで、ユナイテッドは震災と原発事故による未曾有の危機を乗り切り、さらにはＪＦＬ昇格という夢を実現させることもできた。

もちろん鈴木にしろ竹鼻にしろ、彼らは示し合せて危機に瀕したクラブに関わってきたわけではない。とはいえ、偶然にしてはあまりに出来すぎた話だとも思う。むしろ福島ユナイテッドというクラブに、ありとあらゆる「滋養分」を貪欲に摂取しながら命脈を保とうとする、生命力のようなものさえ感じられてならないのである。

いずれにせよ、このクラブを「美談」で語る時代はもう終わった。震災の記憶が次第に薄れていく中、ユナイテッドもまた「普通のクラブ」となってゆくことだろう。「3・11」以降、クラブのフロントも、選手も、そしてサポーターも、あまりにも多くのものを背負い過ぎた。今後は「普通のクラブ」として、より地域に根ざし、地域にとって無くてはならない存在となることを願うばかりである。

【付記】福島ユナイテッドFCは14年より、J3クラブとして活動を続けている。

第5章

「半袖隊長」の矜持

AC長野パルセイロ

――2011年・秋

「オレの古巣の柏レイソルが今（J1で）首位だから、オレらも1位になれる。それだけの力は持っていると思いますよ。ウチ（の今季の目標）は『最低で4位』ですから。こいつら（選手）がもう少し賢くなって、今日みたいな試合を1対0で勝てるようになれれば、トップになれると思います。それだけウチは、JFLの中ではいいサッカーをやっていますから」

2011年7月3日、試合後の会見に臨んだAC長野パルセイロ監督、薩川了洋の表情は、実にさばさばとしていた。

JFL後期第1節、松本山雅FCを南長野運動公園総合球技場に迎えての「信州ダービー」は1対1の引き分けで終了した。パルセイロと山雅は、北信越リーグ時代から続く熾烈なライバル関係にあり、信州ダービーは一部で「日本のリアルダービー」とも称されている。絶対に勝たねばならない宿敵に、土壇場で追い付かれたにもかかわらず、薩川の態度には奇妙な余裕が感じられた。

しかも、口を開くと「薩川節」が止まらない。この時点で8位でありながら「オレらも1位になれる」とか「ウチは『最低で4位』ですから」などとメディアに向かって言い放つ。「こりゃまた随分と自信家だな」いうのが、この会見に出席していた私の率直な感想であった。

結局のところ、この時の発言は決してハッタリではなかった。この試合と前後して、パルセイロは前期第16節（対FC町田ゼルビア戦）から後期第9節（対アルテ高崎戦）まで、13試合無敗という快進撃を続け、それまで首位を独走していたSAGAWA SHIGA FCを抜いて暫定首位に立っている。その後、ツエーゲン金沢とカマタマーレ讃岐に今季初の連敗を喫したものの、それでも2位をキープ（後期第11節終了時）。今季、JFL初挑戦であることを考慮すれば、これはまさに快挙と言ってよいだろう。

パルセイロについては、もうひとつ確認しておくべき事実がある。それはこのクラブが、今なお地域リーグ時代の香りを色濃く残していることだ。

主力選手7人は、北信越リーグ時代から変わらず。プロ契約も、今季は最年長の土橋宏由樹と東京ヴェルディから加入した富所悠の2名のみ。他の選手は、スポンサー企業などで働きながらプレーを続けている。クラブとしては「将来のJリーグ入り」という目標を掲げているが、その予算は極めて限られており、スタジアム改修のメドも立っていない。Jリーグ準加盟に認められることさえ容易ではない状況である（仮にパルセイロが今季のJFLで優勝しても、J2に昇格することはできない）。

では、今季のパルセイロの快進撃を支えているのは何か。指揮官の手腕に負うところが大であるのは間違いない。とはいえ、薩川は就任2年目。しかも、今のところ指導者ライセンスはB級である。今季の躍進が必然であるならば、果たして薩川はどんな指導によって、この地域リーグあがりのクラブを奮起させたのだろうか。

「確かにツイているよ。何しろ地域リーグから上がって、1年目のチームだからね。でも今年は、どんなに成績が良くてもJには上がれない。だったらお前ら、他所がやらないことを何かやろうぜってことで、13試合負けなしっていうひとつの結果は出した。ただ、開幕から5試合で『このメンバーでも戦える』という確信はありましたよ」

現役時代の愛称は「半袖隊長」。この日も半袖姿でクラブハウスに現れた薩川は、大きなアクションを交えながら、ぶっちゃけトークで今季の戦いについて語り始める。その語り口は実にあっけらかんとして、不思議な魅力をたたえている。

薩川の、ある種つかみどころない魅力は、これまでのキャリアと決して無縁ではあるまい。Jリーグ開幕前夜の91年、清水商業高校より全日空サッカークラブ(のちの横浜フリューゲルス)に加入。身長175センチという、決して恵まれた体格ではなかったものの、ヘディングと1対1の強さで、ほどなくセンターバックの定位置を獲得する。

フリューゲルス消滅後の99年からは、柏レイソルでプレー。05年に現役を退くまで、J1で311試合出場している。この数字、代表経験のない選手としては最多記録である。

「まだまだできたとは思いましたよ。最後のシーズンも33歳で19試合出ていたし。（契約更新とならなかったが）実力で切られたとは思わない。ただ、柏が初めてJ2に落ちた年だったんだよね。まあ、そこは考え方ですよ。J2でもとことんプレーするのも（考え方の）ひとつだけど、J1で終わるというのもひとつだなと思ってね」

故郷の静岡から、横浜、柏と渡り歩き、引退後はレイソルの普及部コーチとなった薩川。では、長野との接点はどこで生まれたのだろうか。

「きっかけは、オレが普及のコーチでこっちに来ていたことだね。ここのグラウンドで、レイソルサッカー教室をやっていたんです。で、オレも長野に泊まって、夜はこっちの人と飲みながら話している時に、パルセイロの人がいたんだよね。当時、代表だった丸山（朗）さんが、熱く語り出したのを、オレが酔っぱらってダメ出ししたの。『そんなんじゃダメだよ。絶対、上なんか行けねえよ』って（笑）」

当人はあまり覚えていないようだが、この時のやりとりがパルセイロのフロント陣に深い印象を与えたようだ。08年、当時監督だったブラジル人のバドゥ・ビエイラを補佐するコーチとして、薩川の名前がリストアップされた。打診を受けたレイソルは、当人の意志を確認した上で「出向」という形で送り出す。

「まあ、勉強になるんじゃないか、みたいな感じで『じゃあ、行ってきます』と、嫁さんに相談せずに決めました（笑）。ちょうど柏に家を建てている最中だったので、単身赴任ですよ。

だからあっちの家は、実はあんまり住んでいないんだよね（笑）」

かくして、長野でのコーチ修行がスタートした。だが、初めて目の当たりにする地域リーグのレベルの低さに、薩川は面食らうことになる。

「ビックリしたよ。草サッカーに毛が生えたんじゃねえかってくらいの世界だったから。悪い言い方をするとね。で、何試合かパルセイロの試合を（映像で）見せてよって言ったら、やっぱりトンデモない事していたもんね」

さっそく選手への尋問が始まる。これまでいったい、どんな練習をやってきたのか。選手たちの答えは「センタリングシュート」だった。

「で、『他には？』って聞いたら『センタリングシュートだけです』って。どんな練習だよ、お前らって。しかも攻撃の選手は、ハーフラインから（自陣に）戻ったら（他の選手に）代えるって言われちゃうし。攻撃は攻撃、守備は守備みたいな。もう連動もクソも無い、後ろからドーンと蹴って、それが拾えたらゴールみたいな、そんなサッカー。だから言ったの。こんなことだとJFLに上がったら、お前らみんなクビになるぜ。しっかりボールを回して、ポゼッションするサッカーが大切なんだぜって」

いささか衝撃的な証言であった。バドゥ・ビエイラといえば、かつてはコスタリカやイランやオマーンの代表監督を歴任した国際経験豊かな指導者として知られ、われわれ日本のファンにはワールドカップ初出場を決めた97年の「ジョホールバルの歓喜」の敵将としてもつとに有名である。

そんなキャリアを誇るブラジル人指導者が、北信越リーグのクラブの監督を、しかも信じ難いほど安いギャランティで引き受けていることに、美談めいたものを感じた者は少なくなかったはずだ（私もそのひとりである）。しかし薩川は、ただ一言「日本をわかっていなかった」と断じる。

「だから時間がかかった。でも（自分が監督になって）1年でJFLに上がったじゃない。しかも（登録選手）20人で。でも、ウチのクラブはサッカーがわかっている人が少ないから、そういうすごさがわからないんだよね」

バドゥがチームを率いた06年から09年の北信越リーグといえば、パルセイロのほかに、松本山雅、ツエーゲン金沢、そしてＪＡＰＡＮサッカーカレッジといった強豪がひしめき合い、日本で最も「無駄に熱い」地域リーグとして知られていた。対して、薩川が監督となった10年は山雅とツエーゲンがＪＦＬに昇格しており、リーグ優勝の可能性がかつてより広がっていた感は否めない。

もちろん、北信越を無敗で優勝し、地域決勝（全国地域リーグ決勝大会）でもカマタマーレに次ぐ2位で突破したことは純粋に評価すべきだろう。この時、強化本部長としてチームを陰で支えていたのが、鈴木政一。ジュビロ磐田の黄金期を築いた名将は、なぜかパルセイロでは「マサくん」の名で親しまれ、その指導方法から薩川も多くのものを学んだという。

「選手全員が『マサくん、こういう場合はどうしたらいいの？』ってハーフタイムに聞いてくるんだよね。マサくんはもちろん、監督であるオレを立ててくれるんだけど、やっぱりJであれだけ成績を残した人の伝え方って参考になるよね。たとえばオレが練習メニューを組んで、それをマサくんにやってもらって、オレはずっと見ていた。どういう伝え方を選手にするのかなって。あれは勉強になったね。結局、1年もいなかったけど、今でもたまに電話しているよ。『マサくん、負けちゃったよぉ』とか言って（笑）」

今季のパルセイロは、昨年（10年）より5名多い25人体制で初めてのＪＦＬを戦っている。戦力面での余裕が得られたことで、確かにチームとしての連動性も高まっているように感じられるようになった。だが、特定の選手に依存する傾向は、地域リーグ時代から変わらない。とりわけ攻撃に関しては、ＦＷでキャプテンの宇野沢祐次の存在は絶対的となっている。

「ウチが宇野沢頼りだって？　よく見ているねえ、その通りだよ（笑）。ウノと向（慎一）と大橋（良隆）。この3人には、飯を食いに行ったときに『お前らが建て直せ』って言った。その代わり、お前ら来年はクラブに頼んでプロ契約にしてもらうからなって。ウノは去年、プロ契約を提示されたけど、断ってきた。『自分のペースができたので、働きます』って。まあ、働いたほうが、お金の面で良かったんだろうね。でもウノ、お金じゃない。仕事がサッカーなんだから。プロ選手になって、そこに集中していけよって言ったんだけどね」

　これは推測だが、もしかしたら宇野沢はクラブの経営状況を慮って、あえてプロ契約を断ったのかもしれない。来季のＪ２昇格を目指して、元Ｊリーガーを積極的に補強しているライバルの山雅とは好対照である。今季のパルセイロのスタメンが、地域リーグ時代の選手で占めていることは、すでに述べた。ならば、大量補強をせずとも、これだけの大健闘を見せているのは、なぜなのか。

「ウチの強さは山雅とは違う。確かに、スタメンの11人は頑張ってくれている。でもそれ以上に、サブのヤツらが腐らないんだよね。ヤツらが先頭に立って、荷物を持ったりボールを拾いに行ったりするんだよ。このチームに一番長くいるヤツが、特にね。だからウチの強みって、『チームになっている』ことだよ。率先して裏方の仕事をするヤツ、積極的に声を出すヤツ、いじられることでチームを和ませるヤツ。そいつらが、自分の立ち位置を理解していて、徹底してやってくれる。それは、チームを大きくいじらなかったからなんだけどね。でも、そのお陰でチームがひとつになって戦えている」

　とはいえ、それだけで上位をキープできるほど、ＪＦＬは甘くはない。薩川は選手たちに「お前ら、下手くそ！」と断じた上で、さまざまな勝つためのヒントも与えている。

「下手ならどうする？　走るしかねえんだ。だからフィジカルを強化してきた。夏に負けなかったのは、後半に走れたからだよ。そうすると後半、攻めこむ時間が多くなってくるからね。この間の讃岐戦は自滅して負けたけど、いい部分もあった。（退場者が出て）10人になってから讃岐を崩せたからね」

20分で先制され、さらに39分にはＤＦの大島嵩弘が退場となったカマタマーレ戦。結果として０対１で敗れたものの、薩川はこの試合にチームの成長を見出している。

「なぜ崩せたかというと、みんながひとり２役のプレーを心掛けたから。確かに疲れるけど、そのプレーを11人でやってほしかったわけ。ＦＷが引っ張る。そのスペースに誰かが行く。それも相手より先を読んで動いていく――。讃岐に負けて怒ったけど、オレは負けてよかったとも思っている。オレのやりたいサッカー。このサッカーを、黒板で説明するよりも選手が理解してくれたと思うから。疲れるよな、このサッカー。なぜそれを求めるかわかる？　お前らが下手だからだよ。だけど、このサッカーをできたなら、たぶんお前ら、ここからさらに上に行けるって話だよ」

薩川は、選手たちの間では「薩さん！」と呼ばれている。メディアの人間がいなければ「監督」と呼ばれることはほとんどないと当人も苦笑する。冷徹な指揮官というよりも「いい兄貴分」といったところか。それでも、選手たちの薩川に対する信頼は厚い。

「ＪＦＬの他のチームで、個の能力だけを要求されるのであれば、たぶんお前らは無理だよ。そう、はっきり言うんです。ただしこいつらには、できるだけ長くサッカー選手として生き残ってほしい。だから自分が監督になったときには、地域リーグを戦いながらＪＦＬを意識していた。ＪＦＬで戦えるチームを作っておけば、お前らは切られないよって言ってあったしね。それで結果が出れば、選手も『あ、薩さんの言うとおりだな。オレたち、できるんだな』って思うようになって、オレのことを信頼し始めますから」

レイソルから出向して、今年で早4年目。ＪＦＬチームの指揮官としてはもちろん、今後のキャリアを考える意味でも、そろそろ覚悟を固める時期に来ているはずだ。そのことを問うてみると、薩川の答えは実に明快だった。

「自分では『勝負しないといけない』と思っているけど、いろいろ事情があってね。まあ、家族は反対すると思うけど、今は長野に居座るのは悪くはないと思っていますよ。故郷とまでは言わないけど、今はこっちの方が（指導歴は）長いし、教え甲斐もあるからね（笑）」

その一方で、元日本代表のキャリアを持つ指導者への、密やかな対抗意識を感じさせる発言も残している。

「日本のサッカー界って、まだ肩書き社会の部分ってあると思う。元日本代表であれば、すぐ監督やコーチになれたりする。オレはそういうのに負けたくない。負けないために、もっといろんな経験をして、結果を残したい。こうやって取材を受けて、偉そうなことを言っているけど、一番偉いのは選手だからね。だってオレ、走ってねえし（笑）。ベンチで『この野郎、下手くそ』って言っってりゃいいんだから」

やがて、通りがかった選手が「薩さん、そろそろですよ」と声をかける。「おう、もうすぐ終わる！」と兄貴分のように応える、若き指揮官。別れ際に残したコメントが、薩川了洋の指導者としての想いが凝縮されているように、私には強く感じられた。
「どこまで行けるかわからないけど、こいつらと一緒に成長できたらいいなって思いますね」

【付記】その後、薩川は12年にAC長野パルセイロの監督を退任。公式サイトで「自分が育てた選手達の今後が心配ですが、きっと選手達は更にやってくれると信じています。だって僕のきつい練習に耐えたのですから」とのコメントを寄せている。以降はFC琉球（13年〜15年）、SC相模原（16年）を指揮。16年8月に相模原の監督を辞して、同クラブの強化部に異動した。

第6章　なぜ今「J3」なのか？

公益社団法人
日本プロサッカーリーグ

——2013年・春

「どうも来季、ＪＦＬでプロを目指すクラブと目指さないクラブを分けて、新しいリーグを作るらしい」

そんな噂を耳にしたのは、２０１２年のシーズンが終わろうとする頃。教えてくれたのは、とあるＪＦＬクラブの実行委員である。私には、その意味するところが理解できなかった。

それから年が改まった13年2月26日、Ｊ２とＪＦＬの間に新たにＪ３リーグが新設されることが決定。Ｊリーグはこれを3月6日、正式に発表している。

日本サッカー界のピラミッドで3番目に位置するＪＦＬは、「アマチュア最高峰」と位置付けられる全国リーグであり、１９９９年に9チームでスタートした。その後、着実にチーム数を増やし、Ｊリーグ入りを目指すクラブ、目指さない企業クラブ、そしてＪクラブや大学のセカンドチームなどが共存する、多様性に満ちたリーグとして発展してきた。

上を目指すクラブにも、上を目指さないクラブにも、それぞれに存在意義があり、そして意地がある。上を目指すクラブにしてみれば、「門番」と称されるＨｏｎｄａ ＦＣやＳＡＧＡＷＡ

SHIGA FCとの対戦は、乗り越えなければならない分厚い壁。一方、上を目指さない「門番」にしてみれば、つい数年前まで地域リーグにいた新参者に、あっさり敗れるわけにはいかないという意地がある。

JFLが「アマチュア最高峰」と呼ばれているのは、上を目指すクラブと目指さないクラブが共存し、なおかつ切磋琢磨することで発展してきたリーグであったからだと私は理解している。それだけに、将来のJリーグ入りを目指すクラブだけを吸い上げて、新たにJ3リーグを作るという今回の決定がどうにも理解できなかった。

果たしてJリーグは、どういった理由から14年のJ3リーグ新設を決断したのだろうか。私の疑問に応えてくれたのは、Jリーグの理事・管理統括本部長・クラブライセンスマネージャーの大河正明。大河の前職は銀行員で、2年前に転職して以降は、クラブライセンス関連の業務を統括してきた。インタビューが行われたのは、J3に関する記者発表が行われる直前の2月20日。まだオープンにしたくない情報もあったはずだが、こちらの事情を酌んで取材に応じてくれたことには感謝したい。

＊

――J3という名称は、今年に入ってサッカーファンの間ではすっかり定着した感はありますが、私としては「アマチュアを排除した3部リーグ」という認識です。こうした議論は、いつ頃からスタートしているのでしょうか？

大河　議論自体は08年からありました。Ｊ１・Ｊ２で40チームになったら、その後はどうするのか。そこでＪＦＡ・Ｊリーグ活性化委員会で議論を重ねてきました。（その結論として）例えばＪＦＬを活性化させるにしても、Ｊを目指すクラブと、企業の福利厚生としてやっているクラブとでは、自ずと発想が違ってくる。ひとりでも多くのお客さんに来てもらうとか、ひとつでも多くのスポンサーさんに支えてもらうとか。そうなると（現状での）活性化は難しいだろうという意見になっていきました。

――Ｊ３創設への動きを加速させた要因として、Ｊ２昇格１年目のＦＣ町田ゼルビアが、１シーズンでＪＦＬに降格してしまったことも少なからず影響していたと思うのですが。

大河　インパクトはありましたが、Ｊ３については11年から話をしていていました。22チームになるので、場合によっては（Ｊ２から）落ちるクラブが出てくる。そこで救済策ではないけれど、せっかくＪの理念を具現化して、地域に根差しているクラブがなくなってしまうことは、ＪもＪＦＬも避けなければならない。そういったことを、ちょうど去年（12年）の今ごろに議論していました。ただ、当時はＶ・ファーレン長崎とカマタマーレ讃岐しか（ＪＦＬでは）準加盟クラブがなかったので、Ｊ３というのは時期尚早という意見のほうが支配的でしたね。

――去年の９月、Ｊリーグ準加盟の規定が緩和されました。Ｊ３構想の一環だと思いますが、緩和した理由は？

大河　われわれは社団法人ですから、将来的にＪリーグを目指すことを表明してくれて、最低限の設備が確保されているのであれば、Ｊの仲間に入れていいんではないかと。で、準加盟に入るための最大のネックになっていたのがスタジアムだったんですね。最低１万人以上収容の、ある程度の設備が整ったスタジアムを作る意向があるのか、ということを自治体に聞いていたのですが、「Ｊに入ったら考えたいが、それがＪに入るための要件となると難しい」という意見が多かったんです。

そこで、今までは（Ｊリーグに）入ってからアカデミーを作ればよかったんですけど、今後はＪの準加盟に入る以上、少なくともスクールか、Ｕ－12とか15とか18のひとつくらいは持ってほしい。つまりアカデミーをミッションとする代わりに、スタジアムは後でもいいですよ、ということを昨年の９月１日付で規定を変えました。すると、まずＡＣ長野パルセイロが手を挙げて、さらにツエーゲン金沢とブラウブリッツ秋田もこれに続いた。この２クラブについては、２月26日のＪリーグ理事会で、準加盟が承認されるかどうかが決まります。

――報道によれば、ＦＣ町田ゼルビア、カマタマーレ讃岐、ＳＣ相模原、ＡＣ長野パルセイロ、ツエーゲン金沢、ブラウブリッツ秋田の６クラブが「当確」と言われています。実際には何クラブがＪ３参入に手を挙げると見ていますか？

大河　われわれは、毎月行われるＪＦＬの実行委員会の機会をとらえて、Ｊを目指すクラブに対して、いろいろな投げかけをしてきました。たとえばＪに上がったときの広報活動ではこういうことが重要だよとか、運営はこういうことがあるよとか、事業はこういうルールでやっているとか。また、地域リーグの中でＪリーグを目指しているクラブに対する説明会というのも年に１回やっていますし、当時地域リーグだった福島ユナイテッドＦＣ、あるいは奈良クラブやレノファ山口とか、こちらからスタッフを現地に派遣してＪリーグの実態についてお話したり、意見交換させていただいたりする中で、ＪＦＬに関しては18クラブ中、半数以上がＪを志向しているという手応えを感じました。

――なるほど。それにしても14年、つまり来年からＪ３をスタートさせようということですが、なぜこれほど急いでいるのでしょうか？

大河　良いことは早くやったほうがいいという単純な理由もあります（笑）。それと、今までＪ２に上がったクラブって、ＪＦＬにいることが苦痛だったんですよ。それはサッカーの競技面ではなくて、特に財政面であったり、地域の理解が得られにくい部分であったり。

――つまり、いくら準加盟であっても「でもＪじゃないんでしょ？　ウチはＪに上がったらお金を出しますよ」という話ですよね？

大河　わかりやすく言えば、そうですね。加えてＪ２が定員の22クラブになったことで、ＪＦＬで優勝するか、２位で入れ替え戦に勝つかしないと、昇格できなくなってしまった。このように昇格のハードルが高くなる中、３番目のリーグでもある程度、経済的にも辛抱できる仕組み、それから地域にもある程度アピールできるような仕組みというものを、できるだけ早く作ってあげたほうがいい、ということですね。

――J3創設に向けて、Jリーグはどんなロードマップを描いているのでしょうか？

大河　あくまで現時点でのお話ですが、2月26日のJリーグ理事会で承認されれば、Jリーグ開幕後のなるべく早いタイミングで条件を発表するつもりでいます。準加盟申請は6月で締め切り、9月末に現在の準加盟に入れるかどうかを理事会で審査します。それと並行して、J3としての国内向けのクラブライセンス――これは3月に基本骨子は発表できると思いますけれど、それに合致しているかどうかを審査した上で、最終的には11月末までに「このクラブはJ3としてやっていける」というクラブをピックアップしようと思っています。

――地域リーグ所属のクラブについては、地域決勝（全国地域リーグ決勝大会）での成績は反映されるのでしょうか？

大河　それは参考にすると思います。ただ、JFLから手を挙げたクラブでも、審査条件に合致しないクラブもあるでしょうし。例えば8クラブがJFLからJ3に移ったとして、試合数の確保というのが収入源でも大切なので、やはり10チームはほしい。そうすれば9試合×4回戦でホームゲーム18試合は確保できるだろうと。となると、地域リーグから2チームくらい入れようかという話になるかもしれない。

――無理に下から引き上げるよりも、例えばJ2から降格チームを増やすとか、Jのセカンドチームを加えるとか、そういう考え方はないのでしょうか？

J3 LEAGUE
明治安田生命
治安田生命
3 LEAGUE

明治安田生
安田生命
adidas
JAPAN AIRLINES
明治安田生命
スカパー!
toto

大河　初年度は、先ほど言ったような形で集めるとして、２年目以降、仮に10とか12でスタートした場合は、Ｊ２ライセンスを持っているＪ３の２位までと、Ｊ２の21位と22位とが自動入れ替えするのがいいのかなと。あくまで担当者レベルでの考えですが。

それからセカンドチームについてですが、地域に根差したチームを全国に作っていこうというのが主旨です。セカンドチームを入れても、そうしたクラブ自体が増えるわけではないので、今のところ考えてはいません。ただ、最近は「浦和レッズがセカンドチームを作る」なんて報道もありましたが、レッズセカンドが飛び級でＪＦＬに入りたいということであれば、ＪＦＬの活性化につながるかもしれない。そこは検討の余地はあると思います。

――根本的な質問で恐縮ですが、そもそもＪ３のクラブはＪクラブなんでしょうか？

大河　Ｊクラブがどうかというと、Ｊクラブです。ただ、Ｊ１・Ｊ２とＪ３というのは、会計上、ガバナンスは分けようと考えています。たとえばＪ３が独自にスポンサーを見つけてきたとしますよね。そしたらそれは、Ｊ３の収入です。Ｊリーグという大きな会計の中に、Ｊ１・Ｊ２の会計と、Ｊ３の会計をふたつ持ちましょうと。つまり財布は別。逆に、Ｊ１・Ｊ２のトップパートナーさんの中に「Ｊ３ができたから、少し多めに出してもいいよ」というところが出てくれば、増えた分に関してはＪ３に入れて、もともとの金額はＪ１・Ｊ２に入れましょうとか。原則的にはそういうふうに考えています。

――分配金についてはどうでしょう？

大河　大きいのが放映権です。ＴＶについては、ローカルは今のルールでいいと思います。スカパー！さんに関しては、あれだけの試合数ですから今はパンパンですけど、例えばコンサドーレ札幌だとか松本山雅だとか、加入者がたくさんいるクラブが万一Ｊ３に落ちたりすると、彼らも考えるでしょうね。そうした人気クラブへの権限を残すような形で、今の放映権料に多少の上乗せをしていただけると、その分はＪ３に入れていいのかもしれない。

――結局のところ、J3ができることで、日本サッカー界のピラミッドはどうなるのでしょう？J1、J2、J3の下にJFLがあるのか、それともプロのピラミッドとアマチュアのピラミッドを完全に別にするのか。

大河　公式見解では後者です。まったく別の、とは考えていません。世の中的にどう受け取られるかという問題はあると思いますが。プロの３番目のＪ３と、アマチュアのトップであるＪＦＬとは、おそらく戦力的にはそれほど変わらないのかもしれない。ただ、２年目以降は、ＪＦＬで実績を作った選手がＪ３に流れていくような仕組みを作ることになると思いますので、自然とＪＦＬがＪ３の下になっていくと思います。

――個人的に心配しているのが、J3に降格がないことで、かつてのJ2のように下位チームが淀んでしまうことなんですけれど、いかがでしょうか。

大河　それはあるかもしれません。とりあえず10とか12とかからスタートするので、当面は

Ｊ２が始まったときのようなことが起こると思います。ただし国内向けとはいえ、ライセンス制度が適応されますので、勝負の世界のまったり感は残るかもしれませんが、財務的な要件をしっかり押さえるなど、各クラブの経営面は健全化されていくと思います。

――ＪＦＬは、プロとアマチュアのバッファーとして、一定以上の機能は果たしていたと思うんです。これをあえて分けてしまうことが、本当に日本サッカーのためになるのでしょうか？

大河　先ほども言いましたように、ＪＦＬからＪを目指すクラブが増えたので、今回こういう話になりました。一方で、Ｊを目指すクラブが最終的にどれくらい出てくるかわかりませんけど、気持ちだけでいうと20から30はあると思っています。それともうひとつ、（ＪＦＬの）ホンダロックやＨＯＹＯ大分とのアウェー戦に、どれだけのお客さんが集まるのか。企業チーム同士の対戦となると、集客も３ケタになってしまうわけです。「入場料ベースでクラブ経営をしてください」というわれわれからすると、いよいよ（プロとアマを）分けてもいい時期に来たのかなという感じではあります。

――ちょっと話題を変えます。個人的には、Ｊ３と（秋春制の）シーズン移行がセットに進んでいるように感じています。つまりプロをアマチュアから切り離せば、シーズン移行はしやすくなると。いかがでしょうか？

大河　それはたまたま時期が重なっただけで、まったく関係ないです（笑）。確かにＦＩＦＡのカレンダーに合わせたほうが、代表強化の面でメリットは大きいでしょうけれど、（Ｊリーグとしては）寒冷地の対策とか、移行期の1・5シーズンをどう乗り切るかとか、いろいろな問題があります。これは多数決で決める話ではなく、みんなが腹をくって「こっちのほうがいいね」という環境整備ができるかどうかですね。

――私自身は、シーズン移行には反対の立場ですが、国際競争力を高めようという考え方を否定するつもりはありません。その意味で今回のJ3構想というのは、Jの落ちこぼれを出さない、護送船団的な部分は否めないように感じるのですが。

大河　J1、J2、J3と見たときに、（Jリーグの戦略として）裾野を広げて仲間を増やすことと、アジア戦略とか放映権料を増やすことで収入のパイを増やすこと、その両方があると思います。もちろん、アジア戦略で恩恵を受けるのは、たぶん浦和レッズのようなJ1のビッグクラブです。ただ、そうしたクラブが選手の年俸を引き上げていかないと、J2やJ3の選手の年俸も上がっていかないと思いますよ。

どんどん収入が増えて大きくなるクラブがある一方で、所属選手の半分以上がアマチュア登録というJ3のクラブがあってもいい。プロとアマの垣根が今はJFLですが、それはクラブ経営の垣根であって、プロとアマの選手が両方いるというリーグとなると、たぶん今後はJ3になるんでしょうね。

それと先ほど「護送船団」とおっしゃいましたが、確かにJFLに降格した町田ゼルビアには「理念推進費」という名目で5000万円を融資しました。けれどもJ3を作ることで、今後はこの５０００万円は止めようと思っています。その理由は３つ。まず、Ｊリーグからの分配金を１０００万でも２０００万でも出せるように営業努力をしましょうということ。それと、Ｊ３同士の対戦となるので、観客動員も含めて（収入が）増えるんじゃないかという期待。さらには「ＪＦＬではなく、Ｊ３なんだ」ということでの広告収入も伸びるのではないかと。以上を勘案して、５０００万くらいは増やせるのではないかと踏んでいます。

【付記】この取材に応じた大河正明は15年、新設されたＢリーグ（一般社団法人ジャパン・プロフェッショナル・バスケットボールリーグ）の理事長（チェアマン）に就任している。

第7章
「今そこにあるサッカーを愛せ！」

ホンダロックSC

――2013年・春

試合そのものはＪＦＬ9位と18位による、当事者以外にはさほど魅力の感じることのないカードと内容であった。

２０１３年4月7日、相模原麻溝公園競技場で行われたＪＦＬ第5節、ＳＣ相模原対ホンダロックＳＣ。

開始早々に失点したアウェーのホンダロックは、62分に屋宮大地のゴールで同点に追いつくも、その3分後に相手に勝ち越しゴールを決められて1対2で試合終了。この敗戦により、ホンダロックは単独最下位となった。

ホンダロックが今季初得点を記録した以外、特に際立ったトピックスは見当たらない、この一戦。観客はピッチ上の現象よりも、むしろスタンドの光景に目を見張ったはずである。

「ええじゃないか、ええじゃないか、ええじゃないか！　ＪＦＬでもええじゃないか！」

何とも奇妙な掛け声を連呼していたのは、おそろいの赤いシャツを着たアウェーのホンダロックのサポーターたちである。そしてその中心にいるのは、サングラスに赤いヘルメット、そして赤いハッピを羽織った痩せ型の中年男。60年代の過激派を想起させる格好をした、何とも怪しげなこの人物こそ、ＪＦＬの名物サポーターにして本稿の主人公、ロック総統である。

試合終了後、ちょっとしたハプニングが起こった。ホームのＳＣ相模原のサポーターが「ええじゃないか、ええじゃないか」と叫びながら乱入してきたのだ。やがて両軍入り乱れての「ええじゃないか」状態となり、スタンドはいささか異様な雰囲気に包まれる。

相模原は将来のＪリーグ入りを目指すクラブ、そしてホンダロックは上を目指さない純然たる企業クラブ。来季のＪ３リーグ創設により、ここ麻溝での両者の対戦はこれが最後と言われていた。それゆえであろうか。一見して滑稽に感じられる「ええじゃないか」には、少なからずの惜別も含まれているように感じられてならなかった。

それにしても、なぜ「ええじゃないか」なのか。

「ええじゃないか」とは、もともとは幕末に江戸から四国にまたがる広範囲で発生した民衆運動である。間近に迫った巨大な時代のうねりにおののきながら、男も女も老いも若きも半ばやけっぱちになって「ええじゃないか！」と踊り続けたと伝えられる。

それから1世紀半の時を超えて、日本サッカーの3部リーグにおいて「ええじゃないか」運動を復活させた張本人が、ロック総統であった。運動の根底にあったのは、性急すぎるＪ３創設への不信感だという。さっそく、当人の主張に耳を傾けてみよう。

「そもそもＪＦＬとＪ３を分ける必要が、どこにあるのかって話ですよ。Ｊ３を作るにしても、おそらく全員プロ契約なんてできないだろうし、プロ・アマのバッファーのカテゴリーはどこの国にもあるわけだし。むしろJ3って、ちゃんと経営できてない落ちこぼれクラブを救うために作るように思えてならないんですよね。本来ならば、しっかり自立していくことができて、初めてJ3だと思うんですよ」

もともとJFLとは、Jリーグ入りを目指すクラブや目指さない企業クラブ、さらにはJクラブや大学のセカンドチームなど、さまざまな形のクラブが共存できる「アマチュア最高峰」のリーグであった。と同時に、各地域リーグからJリーグを目指すクラブにとって、全国リーグであるJFLで戦うことは、競技面でも運営面でも経営面でも多くの学びが得られる場となっている。そうした、さまざまな役割を担ってきた日本の3部リーグが「Jを目指すか否か」で切り離されてしまう。その異議申し立ての運動こそ「(JFLでも)ええじゃないか!」だったのである。

そんなロック総統だが、一方で「アマチュアリーグの魅力の打ち出し方に甘さがあった」と反省の弁も述べている。

「たとえば去年(12年)、SAGAWA SHIGA FCが(JFLから)撤退しましたよね。これがヨーロッパなら、3部の強豪クラブが身売りするとなれば『ウチで引き取りたい』って手を挙げるオーナーが必ず出てくると思うんですよ。そうならないのは、サッカーそのものが地域のコンテンツとして成立していないから。そういう意味で、JFLや下部リーグならではの楽しさ、面白さというものを、いろんなゴール裏での活動を通して伝えていきたい。ＪＦＬが今の形で開催されるのも、今季で最後ですしね」

ロック総統の故郷は宮崎県延岡市。県北部にある、旭化成の企業城下町である。旭化成はバレーボールや陸上競技や柔道など、企業スポーツに力を入れてきたこともあり、総統いわく「延岡市民はスポーツ観戦のリテラシーが高い」そうだ。

一方で宮崎県は、プロ野球やＪクラブのキャンプ地としても知られ、多くの競技施設を有しているものの「わが県からＪクラブを」という機運がなかなか生まれにくい土地柄であった。それでも伊野波雅彦、興梠慎三、増田誓志といった日本代表経験者を輩出しており、鵬翔高校は12年の全国高校サッカー選手権で県勢初の優勝を果たしている。ゆえに、宮崎を「サッカー不毛の地」と呼ぶのは、いささか短絡に過ぎると言えよう。

さて、地元の高校を卒業して上京したロック総統。最初に応援するようになったのは、実はホンダロックではなく、意外にも鹿島アントラーズであった。

「実は当時、電撃ネットワークというパフォーマンスグループのマネージャーをやっていたんですけど、ある番組でインファイト（アントラーズの代表的なサポーターグループ）の人と出会って『ゴール裏で元気のいいの人が少ないから、助けてくれないかな』って誘われたんです。で、最初に観に行ったのが、ヴェルディ川崎（当時）とのチャンピオンシップだったんですけど、そこで初めて『参加する応援って、こういうことなのか』と身をもって理解することができたんです」

Jリーグ黎明期の熱気に満ちたゴール裏で、応援する楽しさを覚えた若き日の総統。当時のインファイトの雰囲気について尋ねると「今とは違って、あまり殺伐としていなかったですね」。地元で採れたスイカやイチゴが回ってくることもあったそうだ。

「インファイトには、いろんなタイプのグループが共存していましたね。『勝利至上主義』的な右派勢力がいる一方で、僕は穏健派というかお笑い派だったので(笑)、わりとリベラルな連中と付き合っていました。もちろん、オラオラ系の応援スタイルも嫌いではないですよ。でも、良くも悪くも当時から変化していませんよね。この間のナビスコカップで久々に鹿島の応援に行きましたけど、懐かしさはあっても新しさを感じることはなかったです」

やがてマネージャー業が多忙となり、インファイトの活動から次第に遠ざかるようになってしまったロック総統。そんな中、電撃ネットワークのヨーロッパ公演に帯同した時に、図らずも現地のフットボール文化に触れることとなる。

「電撃ネットワークって、海外ではけっこう知名度があって、よく海外公演に僕も駆り出されていたんです。イギリスやドイツやオランダ、あとはアメリカやオーストラリア。いろんな国に行きましたね。で、イギリスに行った時に一番印象に残っていたのが、レイトン・オリエントFCっていう、3部と4部を行ったり来たりしているクラブ。そこのGMが『カテゴリーが

LOC

上がれば、負け試合も多くなるし人件費も上がる。だから、無理して上がる必要はないんだよ』と言っていたのがすごく印象的で。でもって、スタンドのお客さんたちはすごく楽しそうに、わが街のサッカークラブの試合を楽しんでいる。『そうか、これだ！』って思いましたね」

お笑いの世界に生きていたロック総統が、のちに出会うことになる郷土のクラブ、ホンダロックＳＣ。その設立は意外に古く、東京五輪が開催された１９６４年にまで遡る。

宮崎市に本社を持つ自動車部品メーカー、株式会社ホンダロックの福利厚生を目的としたサッカー部は、86年に初めて九州リーグに昇格する。翌87年には宮崎県リーグに降格するも、97年に九州リーグに復帰。04年の地域決勝（全国地域リーグ決勝大会）で3位となり、05年に初めてＪＦＬに戦いの舞台を移す。だが、わずか2シーズンで九州リーグに降格。09年に再びＪＦＬに復帰すると、２ケタ順位を定位置としながら今に至っている。

ＪＦＬや地域リーグの取材を続けてきた私にとり、ホンダロックは昔から馴染みのある存在であったが、彼らのホームゲームに訪れたのは一度だけである。11年12月4日、小林総合運動公園市営陸上競技場で行われた、対松本山雅ＦＣ戦。このアウェー戦を2対0で勝利した山雅は、Ｊ2昇格の条件となる4位以内を確定させ、選手やサポーターはもちろん、遠く松本から駆けつけたメディアも巻き込んでのお祭り騒ぎとなっていた。

実は試合後、ホーム最終戦となったホンダロックは、キャプテンの谷口研二、白川伸也、そして澤村憲司の引退セレモニーを行っている。いずれも九州リーグ時代からチームを引っ張ってきたベテランであり、今後は社業に専念することが決まっていた。さぞかし万感の想いであったことだろう。しかし彼らのスピーチは、J2昇格を果たした山雅サポーターの歓喜とチャントで、すっかりかき消されてしまった。山雅の喜びようは無理も無いと思いつつ(この年の8月、三顧の礼で迎えた元日本代表の松田直樹が死去している)、上を目指すクラブとアマチュアとしてJFLに留まろうとするクラブとの明快なコントラストを目の当たりにして、何やら複雑な気分になったことをよく覚えている。

地方の企業クラブゆえに、社員や選手の家族以外、ほとんど応援されることのない宿命を背負ってきたホンダロック。ロック総統がこのクラブを応援するきっかけとなったのは、99年の天皇杯1回戦、対ベガルタ仙台戦であった。

「あの年、ロックは宮崎県代表としての初めての天皇杯。しかも宮崎での開催ということで、僕も嬉しくて前乗りしていたんです。で、当時の監督や応援団長に急遽任命された人なんかと前日の夜に飲んでいたら『ウチは初めての天皇杯で、どう応援していいのかわからん。君がコールリーダーをやってくれないか』って言われて。結局、選手を誰も知らないのに(笑)、コールリーダーを引き受けることになりました」

試合自体は0対5で順当に敗れた。しかしそこで総統は、意外な光景を目にする。試合終了後、地元の子供たちが対戦相手のJリーガーではなく、地元のアマチュア選手たちにサインを求め始めたのである。

「正直、『なんで？』って思いましたね。そしたら、ちょうどホンダロック主催の少年大会があって、そこで選手たちと接点があったみたいです。『Ｊリーガーじゃなくて、サッカーを教えてくれた人の方がすごい！』と。ああ、こういうのっていいなあと思いました」

ところで、ロック総統がホンダロックを応援しようと思ったのは、実は「宮崎からＪを目指すクラブがある」という噂を耳にしたからだ。ただしそれは、ホンダロックではなく、プロフェソール宮崎ＦＣ（10年に解散）というクラブであった。その驚愕の事実を知ったのは、ホンダロックに入社した01年のこと――。そう、総統は全身全霊でホンダロックを応援するために、生活の拠点を東京から宮崎に戻し、のみならずホンダロックの期間社員となっていたのである。実際には、どんな仕事をしていたのか。

「１年目は塗装課、２年目はマグネシウム鋳造課でした。塗装の仕事っていうのが大変で、シンナーが充満した狭い塗装ブースは、気温が40度で湿度が80％。その中で一日中、立ったり座ったりを繰り返す仕事でした。僕も慣れないときは、２～３回ぶっ倒れましたね。最初の１年は頑張れたんですが、やっぱり不向きな仕事ってありますからねえ（苦笑）」

結局、宮崎での生活は２年で終了。東京に戻ってからはトラックの運転手として馬車馬のように働き、しばらくはサッカー観戦を楽しむ余裕もなかったという。総統がホンダロックの応援を再開したのは、クラブが初めてＪＦＬに昇格した05年から。と同時に、過激なコスチュームに身を包み、独自の応援スタイルを模索するようになる。「ロック総統」という名前が定着するのも、この頃のことだ。ただし当初は過激派スタイルではなく、往年の人気アニメ『機動戦士ガンダム』の登場人物、シャア・アズナブルのコスチュームであった。

「最初は厚紙でヘルメットを作っていたんですけど、雨に濡れると使い物にならない。それでTVの仕事関係で知り合った美術の人に相談したら、ウレタン製のヘルメットを作ってくれたんです。もっとも最初はシャアでなく、ギレン・ザビという敵の独裁者のコスチュームをイメージしていたんですよ。それでガンダムの雑誌を見せて説明したんだけど、作ってくれた人がゆとり世代で、昔のガンダムを全然知らなかった(笑)。『赤いし、こっちの方がカッコいいんじゃないですか?』って作ってくれたのが、最初のコスチュームです」

ロック総統がスタンドでコスプレをするようになったのは、もちろん理由があってのこと。当人によれば「やっぱり中年オヤジがエラそうに演説するよりも、シャアのマスクを被って演説しているほうが、見え方として説得力あるんですよ」。そしてもうひとつ、「勝敗とは関係なく、JFLをとことん楽しんでもらいたい」という強いこだわりもある。

「だからこそ、過激な行動に出たり、奇抜な格好をしたりするわけですよ。そこをわかってもらいたい。弱いレスラーが、長州力を挑発するみたいなもんです(笑)。どうせ長州にやられるのにね。このロジック、プロレスを見ている人ならわかる。妙にスポーツで理屈こねるやつほど、実はプロレスをほとんど見ていない」

29 屋宮
23 黄
15 小原
3 上田
1 桑原
ホンダロック

7 山下
14 松瀬
24 諏訪園
20 伊勢
27 熊元

では、現在の過激派スタイルを採用したのは、どういう理由によるものだったのか。

「これは『委員長スタイル』といって、最初は人気がなくてしばらく寝かせてあったんです。なぜ過激派だったかというと、僕が大工の仕事をしていた時に現場で出会った人が、実は公安のリストに載っているくらいの過激派だったらしいんです。すごく人当りのいい人だったんですけど(笑)。で、その人と接しているうちに、僕も『第4インターナショナル』とか『マルクス主義』とか興味を持つようになって、いろいろ資料を集めているうちに『過激派ヘルメット一覧』というのに辿り着いた。『これだ!』と閃くものがありましたね」

ＪＦＬのスタンドから革命を起こさんとするロック総統にとり、「プロレタリア革命」ほど自らの活動に親和性のあるモティーフはなかった。やがてホンダロックのゴール裏には、ソビエト連邦国旗を想起させるような鎌と槌のフラッグや「プロレタリアートの鉄槌!」といったスローガンが書かれた横断幕が掲げられるようになる。ただし総統によれば、それらは決して単なるパロディや模倣ではなかった。

「鎌と槌というのは、ちゃんと理由があったんですよ。というのもホンダロックの社員って、実家が農業の人がけっこういて、稲刈りと田植えの時期の動員が悪い(笑)。つまり工場で金槌を持って、実家で鎌を持って仕事をしている。ですからホンダロックの社員は『ソビエト』なんですよね。でも会社からは『そういう組合があると思われるからやめてくれ!』って(笑)。まあ、スタンドにソビエトの旗が何本も翻って『鉄槌だ、鉄槌だ!』と叫んでいたら、そういう世代からは完全に誤解を受けるでしょうね（笑）」

ロック総統にはさまざまな語録がある。「残業」はアディショナルタイム（もしくは延長戦）、「うんこ守り」はドン引きサッカー、そして「義勇兵」は他所のクラブのサポーターがホンダロックの応援に駆けつけることを指す。その中で特に使用頻度が高いのが「（Jリーグ）原理主義者」。これは、地域性や予算規模を度外視して、何がなんでもJリーグに昇格しようとするクラブと、それを無批判で支持するサポーターを指す。総統にとっては目の前の対戦相手よりも、実はこの原理主義者こそが打破すべき敵なのである。

「なぜ僕が原理主義者たちを批判するかというと、みんなが『上がろう、上がろう』と必死になってスタジアムが殺伐とした雰囲気になるから。特にリーグ戦の終盤ね。その雰囲気が選手にも伝わって、精神的に追いつめられて、ミスするとさらに罵声が飛んで。そういうのを見ていると『もうちょっとサッカーを楽しめないものかね』と思うんですよ。ウチの場合、九州リーグから上がっても、JFLから落ちても、選手の顔ぶれもサポーターの数もほとんど変わらない。JFLでも（入場者数は）300人とか400人とか、そんなもんです。でもサポーターは、選手のことを18歳の時から知っているから、温かく応援できるんですよね」

選手の顔ぶれがほとんど変わらない。だからこそ、それぞれの選手を末永く応援できる。企業チームゆえの特長といえよう。これに加えてホンダロックは、県内出身者が多いので応援しやすいという、もうひとつの特長がある。ロック総統に言わせると「ウチはある意味、Ｊリーグ以上に地域密着を実践しています」。その理由は、選手の供給源にあった。

「ホンダロックの選手って、宮崎の高校や大学の出身者が多いんですよ。高校なら、日章学園と鵬翔高校。大学なら、宮崎産業経営大学（産経）と九州保健福祉大学。それぞれ『ホンダロックU－18』『U－22』とわれわれは呼んでいるんですけど（笑）、実際、そこからいいタレントが入ってくるんです。たとえば日章学園の10番だった早稲田昂平くんは、かつて古河電工でプレーしていた早稲田一男さんの次男で、日章で父親の指導を受けてから流通経済大を経て今季からホンダロックでプレーしています。同じくルーキーの村山充くんも、鵬翔の10番を背負っていた男で、産経経由でホンダロックに入るという宮崎のエリートコースを歩んできました。日章の10番と鵬翔の10番が、それぞれ違ったルートを経て、最後はホンダロックでチームメイトになる。この美学というかカッコよさ、僕にしかわからないだろうなあ（笑）」

ロック総統は常々、「決してＪリーグそのものを否定しているわけではない」ことを強調している。と同時に、地域密着や百年構想といったＪリーグの理念には、共感できる部分も少なくないとも。むしろ彼が舌鋒鋭く批判しているのは、「上を目指さないクラブ」の存在意義を認めないこと。のみならず、新たにＪ３を創設することで「上を目指すクラブ」を切り分け、結果としてＪＦＬから多様性が失われてしまうことに対してである。

その点については、実は私も同意見だ。付言するなら、Ｊ３創設が発表されて以降のＪＦＬ

を今後どうすべきか、という議論がまったく聞こえてこないことも気になっていた。果たして、上を目指すクラブが抜けたＪＦＬは、来季どのような形で運営されるのだろうか。総統の見立てはこうだ。

「仮にＪＦＬの半分がＪ３に行ったとして、残り８クラブになったとしたら、地域リーグから引っ張り上げればいいわけですよね。ただし（現状の）16は無理じゃないですかね。全国で戦いたい酔狂な実業団なんて、そんなにないでしょう。おそらく10チームとか12チームとか、試験的に始めていくんだろうけど、なかなか厳しいと思いますね」

その上で総統は「実業団サッカーを絶滅危惧種に追い込んだ、Ｊリーグの罪は大きいですよ」と喝破してみせる。

「単純な話、ユースや高卒・大卒からプロになれなくて、社会人をやりながらサッカーを続けたい人たちって、確実にいるわけなんだから。そもそも、なぜホンダロックが弱いなりにもＪＦＬでやっていけているかっていうと、選手の首を切らないからですよ。だからチームもサポーターも、積み重ねができていくんです。18歳で入ってきた選手が30代で引退するまで、ずっと見守り続けることができる。サポーター自身の人生を投影させることもできるわけです」

もちろん選手の中には、さらなる可能性を求めてプロを目指す者もいる。そうしたチャレンジに対しては、総統は温かいエールで送り出すように心掛けている。

「Ｖ・ファーレン長崎でゴールを量産している、水永翔馬っているでしょ。ウチで7年間、エースをやっていた選手なんですけど、もともとは樹脂課でバリ取りの作業をやっていて『バリ取りのエース』と呼ばれていたんですよ（笑）。それが今では、Ｊリーガーとして輝いているわけですよ。『ホンダロックの立ち仕事で、足腰が鍛えられてよかったね』なんて思えるじゃないですか。そういう受け皿となるリーグやチームを、もっと大事にしてもいいと思いますけどね」

Ｊ３の創設によってＪクラブがさらに増加する中、Ｊクラブはもちろん、将来のＪリーグ入りを目指すクラブもない唯一の県となった宮崎。この1月、鵬翔高校が高校選手権で優勝したが、これが契機となって「宮崎にもＪクラブを！」という機運が高まることはないのだろうか。私の疑問に、ロック総統は言下に否定した。

「そうはならないでしょうね。宮崎県民は『プロを観たい』というよりも、自分の子供たちにいい環境でプレーさせたいっていう気持ちのほうが強いと思います。毎年、プロがキャンプに来るくらい県内にはグラウンドがたくさんあるので、宮崎の子が県外のＪユースに行くこともほとんどないんですよ。その意味で、宮崎はガラパゴス化していると言えるけど、でもＪがないことは恥ずかしいことではない。むしろ誇るべきですよ、オンリーワンなんだから（笑）」

そんな宮崎の県民性について、ロック総統は「いもがらぼくと」という言葉を教えてくれた。本来の意味は、里芋の茎（いもがら）で作った木刀（ぼくと）。つまり見た目は立派な木刀だが、中身は空洞なので折れやすい、ということらしい。

「ホンダロックの終了間際での失点シーンとか見れば、まさに『いもがらぼくと』って感じですよ。本当に宮崎県を代表しているクラブなんだなあと（笑）。選手権で優勝した鵬翔だって、6試合中4試合がPK戦勝利というところで言うと、やっぱり『ホンダロックU－18』ですよね。なかなか勝ちきれない、トップチームの伝統を見事に引き継いでいる（笑）」

ホンダロックSCは昨シーズン（12年）、開幕10連敗というクラブワースト記録を樹立して最下位に終わった。本来であれば、地域決勝3位との入れ替え戦となるはずであったが、SAGAWA SHIGA FCの活動停止により、繰り上げでJFL残留。今季も5戦して、0勝1分け4敗の単独最下位である。だが、ゴール裏の人々の表情に悲壮感は微塵も感じられない。なぜなら来季のJ3創設により、降格がないことが決まっているからだ。

降格への危機感もなければ負けても誰も怒らない、何とももったりとしたホンダロックのゴール裏の空気感。そんな中、ロック総統は「まあ、県民性だからしょうがねえよな」と苦笑しながら、試合を終えた選手たちに労いのエールを送っていた。

ホンダロックのゴール裏に、ひときわ目立つスローガンが書かれた横断幕がある。

「今そこにあるサッカーを愛せ！」

本当に大切なことは、カテゴリーでも、もっと言えばタイトルでも目前の勝敗でもない。そこに愛するクラブがあり、目の前でゲームが行われていること。そのこと自体が、実はフットボールファンにとっての至福と言えるのではないか。

来季のＪ３創設がアナウンスされ、ＪＦＬや地域リーグから上を目指すクラブとそのサポーターが色めき立つ中、超然とした輝きを放つ「今そこにあるサッカーを愛せ！」というメッセージ。それはＪリーグに対する、痛烈なアンチテーゼのように私には映る。

【付記】13年シーズンのホンダロックＳＣは、６勝11分け17敗の最下位に終わった。シーズン終了後、２位のカマタマーレ讃岐がＪ２・ＪＦＬ入れ替え戦に勝利してＪ２昇格。新設されたＪ３には、ＪＦＬから９クラブが入会した。翌14年シーズンのＪＦＬは、残留した８クラブに加え、地域決勝を勝ち上がった２クラブ（ファジアーノ岡山ネクスト、鹿児島ユナイテッドＦＣ）、そして地域リーグから昇格した４クラブ（ヴァンラーレ八戸、アスルクラロ沼津、ＦＣマルヤス岡崎、レノファ山口ＦＣ）が入会。合計14クラブで運営された（15年以降は16クラブ）。なお宮崎には現在、テゲバジャーロ宮崎とＪＦＣ ＭＩＹＡＺＡＫＩ（いずれも九州リーグ）という、将来のＪリーグ入りを目指すクラブが存在する。

第8章
奈良劇場総支配人、大いに語る

奈良クラブ

――2013年・夏

「奈良クラブ、熱いよね」

先のNHKの朝の連ドラ『あまちゃん』に出てきた喫茶店のマスター、甲斐さん（松尾スズキ）がアイドルおたくではなく地域リーグおたくだったら、きっとそう言っていたのではないだろうか。異論があるのは重々承知で、昨今の地域リーグで最も熱いクラブは、関西リーグ1部所属の奈良クラブであったと個人的には思っている。

では、何がそんなに熱いのか。

実のところ奈良は、Jリーグ準加盟クラブとして承認されたものの、今季はやっとの思いで1部残留を確定させ、スタジアムの条件などがクリアしなかったことから、来季も関西リーグで活動することが決まっている。サッカー専門誌的には、はっきり言って扱いづらい存在であるとさえ言えよう。それでも私はかねてより奈良に注目しており、いつかかの地に行く機会があれば、ぜひこのクラブを取材したいと考えていた。

私が奈良に初めて注目したのは、第一にユニフォームの斬新さである。

２０１１年の地域決勝（全国地域リーグ決勝大会）で初めてこのクラブを取材したとき、そのユニフォームのデザインは日本の伝統色豊かな唐草模様であった。その後も霰小紋（12年）、大和蹴球吉祥文（13年）と毎年のように斬新なデザインを発表。その間、天皇杯で対戦したセレッソ大阪のレヴィー・クルピ監督がユニフォーム交換を熱望したり、新作ユニフォームの発表でクラブの公式サイトがサーバーダウンしたり、さまざまな話題を提供してきた。戦績ではなくユニフォームで、これだけ他サポから話題になるクラブも珍しい。

とはいえこのクラブは、そうしたビジュアル的な話題のみを提供してきたわけではない。13年8月23日、クラブはコンサドーレ札幌を退団していた岡山一成の入団を発表する。

岡山は１９７８年４月24日生まれで大阪出身。当人も事あるごとに語っているが、在日韓国人の家庭に生まれ、20歳の時に本人の意思で日本国籍を取得している。その理由は「日本代表になりたいから」。残念ながらその夢は今のところ果たされていないが、彼のキャリアは極めて数奇に満ちており、なおかつ移籍するたびに多くのサポーターから愛された。

初芝橋本高校時代に全国高校サッカー選手権でベストイレブンに選出され、96年に横浜マリノス（当時）に入団。以後、大宮アルディージャ（99年＝期限付き）、横浜F・マリノス（00年）、セレッソ大阪（01年）、川崎フロンターレ（02〜04年）、アビスパ福岡（05年＝期限付き）、柏レイソル（06〜07年）、ベガルタ仙台（07〜08年）、浦項スティーラース（09〜10年）、コンサドーレ札幌（11〜12年）でプレー。その闘志溢れるプレースタイルのみならず、フロンターレ時代から始まった試合後のマイクパフォーマンスがゴール裏の支持を集め、移籍するたびに「岡山劇場」として話題を集めるようになる。また、所属時にＪ２だったフロンターレ、アビスパ、レイソル、コンサドーレがＪ１に昇格したことから、ファンの間では「昇格請負人」としても知られている。

とはいえ、これほど所属クラブが頻繁に変わることからも察せられるように、岡山のキャリアは栄光よりもむしろ挫折のほうが多かったと言えよう。

戦力外通告を受けること３回。所属先が見つからず、ブラジル料理屋で働いたり、東日本大震災の復興支援活動に従事したりという時期もあった。その一方で浦項時代の09年には、ＵＡＥで開催されたＦＩＦＡクラブワールドカップに出場。アトランテＦＣ（メキシコ）との３位決定戦では、ゲームキャプテンという大役を務めてチームの勝利に貢献している。

これほどかように振幅の激しいキャリアを歩んできた岡山が、コンサドーレを退団して以降の動向がつかめないと思っていたら、何とカテゴリーを３つ落としての現役続行。このニュースに接して、私は大いに驚くと共に、奈良クラブと岡山の本気度を確信した。

果たして、岡山を獲得したクラブ側の思惑とは何か？　そしてコンサドーレ退団から奈良クラブ入団に至るまでも間、岡山自身にはどのような葛藤があったのだろうか？

＊

――まずは、コンサドーレ札幌を退団されて以降について伺いたいと思います。しばらくブロ

グが更新されず、今年（13年）6月になってようやくFC岐阜の練習に参加されていたことが触れられていました。それまでどうされていたんでしょうか？

岡山　それまでずっと、サッカーしてなかったです。僕自身（戦力外になったのは）今回で3回目なんですけど、それまでは常にチームがなくてもサッカーがある生活をしていたんですよ。コンサドーレに入る前も、スペインのチームに練習参加していましたし。でも今回は、僕はホンマにサッカーしたいのかわからなかったんですよね。ちょうど子供も生まれたし。

――お子さんは女の子ですよね。

岡山　はい、去年の7月に生まれたんですよ。奥さんが大阪で産んで、僕は札幌だったから、しばらく離れ離れやったんです。だからクビになって何をやりたいかと思ったら、まず育児というものを一度やってみたいと思ったんですね。

――コンサドーレに入団した時はJ1昇格という明確な目標があり、出場機会は限られていましたけれど、チームの盛り上げにも貢献して見事に昇格を果たしました。あの時はものすごく達成感があったと思うのですが、J1での昨シーズンは岡山さんにとってどのようなものだったんでしょうか？

岡山　チームがJ1最速で降格したわけですが、僕は何も貢献できなかったんですよ。というか、試合に出てもまったく太刀打ちできなかった。僕自身、J1は6シーズンぶりでしたけど、想像していた以上にレベルが高くって、もうズタボロでした。前監督の石さん（石崎信弘）の言葉で一番響いたのが「オカ、お前もう飛べなくなったなあ」って。つまり競り合いに勝てなくなったってことですよね。自分も「ああ、選手として限界なのかな」って。

――自分のプレーヤーとしての限界に直面して、苦しんだ一年だったと。

岡山　それが心にきちゃったんですよね。サポーターの想いに応えられない自分っていうのに、すごい嫌気が差していたし。僕って、どんなにみんなが諦めていたり、もう無理やと思ったりしても「いけるよ！　絶対にいこう！」って言うことができたんです。でも去年は、チームが低迷する中、自分自身も落ちてしまって、「いこうよ！」と言うのがどんどん辛くなってしまっていたんですね。あんなシーズンはホンマに、自分にとっても初めての経験でした。

――結局あのシーズンは最速でJ2に落ちて、今季のコンサドーレは人件費や強化費が半分くらいに圧縮されたんですよね。ベテランのほとんどはチームを去るか、中山（雅史）さんみたいに引退した人もいました。ご自身は次のチームが決まっていない状況でしたが、サポーターにお別れの挨拶はできたのでしょうか？

岡山　できませんでしたね。最後のホームの時も、言うたら中山さんと僕以外はチームの誰が残って、誰が切られるかわかってない状況やったんですよ。ゴンさんは引退が決まっていましたけれど、僕の場合は正式な引退ではありませんでしたから。もちろん、きちんと挨拶したいという気持ちはあったんですけど、それもできずに札幌を離れることになってしまいました。

――結局、シーズン終わって故郷の大阪に戻ってきたんですか？

岡山　そうです。ちょっと実家の仕事を手伝ったりしていましたが、家族３人で暮らして、僕は基本的に育児をしていました。楽しかったです（笑）。

――岐阜のテストを受けようと思ったのは、ご自身で気持ちの区切りがついたからだったのでしょうか？

岡山　いや、向こうから話がきたんです。でも、何のアピールもできませんでしたね。「絶対やってやるぞ！」という気持ちがないと、やっぱり身体って動かんのですよ。結局、２週間くらい向こうに居ましたけれど、「すぐに返事は……」みたいな雰囲気で、自分も「いいっすよ」という感じでしたね。ただ、岐阜のテストを受けたおかげで「岡山はまだプレーをする気があるんだな」ということになって、奈良クラブを含めて３～４チームから声がかかりました。

――Ｊクラブはなかったんですか？

岡山　いや全然、Ｊじゃないです。僕も最初はＪにこだわろうという思いもあったんですよ。Ｊ２から下って、どんな世界かわからなかったですから。でも、８月２日に松本でマツくん（故松田直樹）の追悼試合があって、あれに参加してだいぶ考えが変わりましたね。

――あの試合は私もスタンドで観戦していました。アルウィンは初めてでしたか？

岡山　初めてでしたね。実は松本山雅というチームに対しては、ちょっと複雑な思いがあったんです。僕の中では「マリノスの松田直樹」というイメージが強くて、「松本の松田直樹」とい

40
GAViC
SHIBUTANI & Co.
30
GAViC
SHIBUTANI & Co.
30

32
GAViC
SHIBUTANI & Co.
33
20
SHIBUTANI & Co.
10
SHIBUTANI & Co.

うのは、ちょっと受け入れ難いものがあったんですね。でも、アルウィンに来てみて「ああ、マツくんはここにいてるなあ。あの時、マツくんがＪＦＬに行くって決断した理由は、これなんや」って思って。それからですね、「僕もマツくんみたいに、こんなチームに関わりたい」って感じるようになったのは。

――試合当日の心情についてはブログにも書かれていましたね。

岡山　あれは泣きながら書きました。あれを書くことで、マツくんが残したものを自分でも感じることができた。それからですね、「あ、俺も動き出そう」と。いろんなことをウダウダと引きずるんじゃなく、どんな環境でもどんな待遇でも、自分がやりたいと思ったらサッカーをやろう。そうやって切り替えることができました。

――アルウィンの追悼試合からわずか1カ月後の9月1日、岡山さんは天皇杯1回戦（9月1日、対関西学院大学戦）で奈良クラブでのデビューを果たします。後半10分くらいからの途中出場でしたが、何とFWでの出場だったんですね！

岡山　そうなんですよ！　ディフェンスもやるんですけど、主にFWということで。やっぱりFWとしてプロに入っているので、すごく嬉しかったですね。実はマリノスでDFにコンバートされた時も、マツくんから「サッカーで飯を食うんだったら、いろんなポジションができるほうがいい」って、いろいろ教えてもらっていたんです。

――DFへの転向は、当時のマリノスの監督だった、オジー・アルディレスの指示だったんで

すよね？

岡山　そうです。当時のディフェンスラインは3バックで、マツくん、オムさん（小村徳男）、波戸（康広）くんといて、誰かが欠けたときの選手がいなかったんですよ。確か栗原勇蔵が入ってくる前の年で、もともといる選手が気に入らなかったのか、「お前は高さもあるから」と言われてＤＦにコンバートされたんです。

――それまでＤＦの経験はなかったんですか？

岡山　もう、まったく初めてですよ。だから、相手が何をしてくるのかわからないのが怖かった。それ以上に怖かったのが、隣にいるマツくん（笑）。もうガーッて言って、試合中でも怒られていましたから。でも今考えてみると、選手としての充実した時期をＤＦとしてやれたからこそ、この年齢までプレーできたんだと思います。

――じゃあ、アルディレスには本当に感謝ですね。

岡山　あと、やっぱりマツくん。ずっと付きっきりで教えてくれたんですよね。筋トレについても「今までの筋肉じゃあかん」って言って、個人契約しているトレーナーを紹介してもらって、いちから変えましたから。だからレイソルやベガルタでプレーする頃には、本当にＤＦの身体になっていたので、何も怖くなかった。ただ一方で、心のどこかではＦＷに戻りたいという思いはありました（苦笑）。

――レイソル時代の06年には、Ｊ2でしたけれどＤＦながら10ゴール挙げていました。

岡山　あの時はリカルジーニョとかディエゴとか、いいキッカーがいたからですよ。あの時の絶好調な自分を（当時監督だった）石さんも知っていたので「飛べなくなったなぁ」って、しみじみ言われてしまったんです。それだけに、奈良のＧＭ兼監督の矢部次郎から「ＦＷとしても考えている」と言われた時は、すごく嬉しかったですね。

――その矢部GMですが、奈良育英高校の出身で楢崎正剛の2年後輩。名古屋グランパスやサガン鳥栖、アルテ高崎でプレーして現役を終えています。その後、地元の奈良に戻って、奈良クラブを興すわけですが、もともと面識はあったんでしょうか？

岡山　高校の時に試合をしたことはありますけど、Ｊリーグではそんなに絡みはなかったですね。向こうから連絡をもらって、いろんな話をしました。そこで自分の中で決め手になったのが「オレはこの奈良クラブをフロンターレみたいなクラブにしたい。そのためにはお前の力が必要だ」と言われたことですね。それで僕、初めて複数年契約にしてもらったんです。

――確か今はアマチュア契約ですよね？　それで複数年ですか？

岡山　僕の場合、奈良クラブの職員っていう形ですよね。だから「奈良劇場総支配人」としての採用。矢部も「選手としてだけなら採らない」って言っていましたから。

**――なるほど（笑）。確かに「フロンターレみたいなクラブを作りたい」という矢部さんの意気込みは、「奈良劇場総支配人」というポストにも色濃く現れていますね。川崎で数々のイベントを手がけて話題になった、プロモーション部の天野春果さんがいかにも考えそうなアイデア

Pride of nara
NARA CLUB

です（笑）。

岡山　僕自身、フロンターレは初めて「岡山劇場」をやったチームですから、ずっと「いつかは帰りたい」と思っていました。実は天野さんは毎年、僕がサッカーを辞めそうなタイミングで電話をくれるんですよ。で、今年は初めて「オカ、ホンマに引退するんやったら、お前の引退試合をオレが絶対するから」って言われて。

――本当ですか？

岡山　フロンターレ対レイソルなり、フロンターレ対ベガルタなり、あるいはフロンターレ対マリノスなり、自分がいたクラブ同士のカードの前座試合としてね。矢部と話したのは、奈良クラブで現役を終える1カ月くらい前に、レンタルでフロンターレに行ったり、レイソルに行ったりして、そこで引退試合をできないかなと。松井秀喜がヤンキースで1日契約ってやってたじゃないですか。あれを実はやりたかったんですけど、先にやられてしまって（笑）。

――そんなに何度も引退試合をした元Jリーガーって、ちょっと思い浮かばないですよね。ジーコやピクシー（ドラガン・ストイコビッチ）も、それほどではなかった（笑）。

岡山　だから「奈良劇場総支配人」って、そういうポジションなんですよ。誰もやっていないことを、新たに作っていかないとダメなんですよ。ただ、奈良は僕にとって10チーム目で、終の棲家だと思っています。だからレンタルでの引退試合とは別に、ここで引退するシーンもすでに決めているんですよ。センターサークルにスパイクを置いて、すっと回れ右すると、山口百恵の『さよならの向こう側』のＢＧＭが流れてくる。

――なんですか、それ（爆笑）。

岡山　（歌いながら）「Ｔｈａｎｋ ｙｏｕ～さよならのかわりに～」。で、裸足のままピッチを後にして、それが伝説になる。その時にはぜひ、宇都宮さんも取材に来てくださいね（笑）。

――さきほど「自分にとって10チーム目」というお話がありましたが、やはり最後は地元である関西のクラブで、という想いは強かったのでしょうか？

岡山　そうですね。これまでいろんな土地で受け入れてもらったけれど、それぞれの地元でプレーしている選手を羨ましく思っていた部分はあったんです。だから最後はやっぱり関西で、というのはあります。

――同じ関西でも、大阪の人から見た奈良って、たぶん私のような関東の人間とは違った見方があると思うんですが、いかがでしょう？

岡山　関西二府四県の中で、京都に次ぐ古都っていったら奈良になるわけで、平城京とか奈良の大仏とか観光スポットはいっぱいあるんですけど、実際には奈良の人が大阪に働きに行くって感じですよね。しかも、もともとプロスポーツというものがなかった。だからこそ、いくらでもカラーを付けたり、カルチャーを作れたりするのかなっていうのはありますね。

――ここから「上を目指す」というモチベーションに関してはいかがでしょう？

岡山　ここからＪ１への道が続いていくわけですよね。それは僕自身、ここに来て初めてわかったことですけど、そういう道がなかったら僕はここには来なかったと思います。

――これまでいろんなカテゴリーでプレーしていた岡山さんの目から見て、奈良クラブはどこまで上に行けると思いますか？

岡山　うーん、ちょっと今の質問からずれるかもしれんけど、僕はホンマに、最初（のクラブが）マリノスやったということで恵まれていたんですよ。その時にいたのが井原（正巳）さん、（川口）能活さん、城（彰二）くん、それから（中村）俊輔が同期で。みんなサッカー界のトップやったじゃないですか。その人たちを間近で見ることができたのが大きかった。というのも、Ｊ２を渡り歩いていると、「こいつ、代表になるかも」ってやつと出くわすんですよ。フロンターレの（中村）憲剛なんて、ちょっと見た瞬間に、そうだとわかりましたね。

――それは興味深い話ですね。どのあたりに感じました？

岡山　なんかもう「不思議ちゃん」って思われるかもしれないですけど（笑）、ホンマにオーラが違うんですよね。憲剛もそうやったし、（大久保）嘉人もそうだし、あと関口（訓充）とかも「こいつ、変われば（代表に）行ける」って。チュンソン（李忠成）にしても、（レイソル時代に）石さんが全然使わんかったときでも「お前、ホンマに代表行くから頑張りや」って、よく話しました。

――そうやって、いろんな選手を見てきた中で、今の奈良クラブの選手はどのように映るので

しょうか？

岡山　Ｊ２にいた時は「こいつはＪ１でも通用する」とか「こいつだったら、いつかは代表に行ける」っていう視点だったんです。今はこっちに来て「Ｊ２でも通用するやつがどれだけいるかな」という感じで切り替えているところです。逆に僕は、ＪＦＬのレベルっていうのが、いまいちわからないんで、そこは早く知りたいですね。

――最後に、奈良劇場総支配人として「これだけは言いたい」みたいなのはありますか？

岡山　そうですね。「サカつくやるんやったら『奈良つく』やろう！」と言いたいです。奈良劇場総支配人である僕をコントローラーにして、一緒にゲームをやりましょうと。そのために、まずは全国からボランティアスタッフを集めたいと思っています。で、きちんと名前や住所や連絡先を明記した上で、いろんなアイデアを出してほしいんですよ。いいアイデアがあればもちろん採用させてもらうし、ボランティアから昇格して、最終的には顧問のポストも用意しますから。

――つまり「奈良劇場」というバーチャルな場で、奈良の人に限らず全国からボランティアスタッフを集めようと？

岡山　はい、そのために僕、初めてツイッターのアカウントを取りましたから。たとえばフロンターレにしろ、レイソルにしろ、コンサドーレにしろ、ある意味、出来上がっているクラブですよね。それはそれで応援するとして、また新たにイチからクラブを作るというのも、絶対に楽しいと思うんです。それを、いろんなクラブを渡り歩いた僕を通じて、いろんな人がバーチャルでもいいから、そういう楽しさを共有できればいいなと。これまで岡山劇場に関わった人たちは、もう劇団員やから（笑）。

――現時点で奈良クラブは関西リーグですから、Ｊクラブのサポーターが「奈良つく」を楽しむというのは、ありだと思いますよ

岡山　それに今は、いろんな情報ツールがありますから、どんな地域に住んでいても、誰でも参加できますからね。そうだ、こうしてせっかく奈良まで取材に来てくれたんだから、宇都宮さんもぜひ「奈良つく」に参加してくださいよ！

――奈良クラブのマスコットを作るアドバイザーだったら、できるかもしれません（笑）。

岡山　それ、いい！　じゃあ、「奈良クラブマスコット準備推進室アドバイザー」という肩書で、契約成立！（笑）

【付記】奈良クラブは14年の地域決勝に見事優勝してＪＦＬに昇格。現在、Ｊリーグ百年構想クラブとしてＪ３昇格を目指している。

第9章

アマチュアにとっての「約束の地」

三菱重工長崎

——2014年・秋

「語られないサッカー」というものが、間違いなく存在する。

周知のとおり私たちは、日々さまざまな「サッカーの物語」を摂取している。日本代表、海外組、Jリーグの上位チームや代表クラスの選手たち、はたまた日本サッカーの未来を託された育成年代の選手たちとその指導者。日本は残念ながら、ブラジルやドイツやイングランドのような、サッカー王国でもサッカー大国でもサッカー伝統国でもないが、ことサッカーライティングに関していえば、他国に類を見ないくらいの細分化が進んでいる。

そんなわが国のサッカーメディアで、ほとんど語られないジャンルがある。アマチュア、あるいは社会人のサッカーだ。確かに、ニュースバリューがあるわけではない。そこでプレーしている選手たちは、日本を代表しているわけでもなければ、日本サッカーの未来を背負っているわけでもない。社会人チームがメディアで脚光を浴びることがあるとすれば、天皇杯でジャイアントキリングを達成した時くらいだろう(それも「彼らは昼間、働きながら云々」という紋切り型の美談と共に)。

かくいう私も、かつて地域リーグにスポットを当てた連載を持っていた時に、似たような過ちを犯しているので、あまり偉そうなことは言えない。当時の私は「上を目指す」クラブにフォーカスするあまり、「上を目指さない（あるいは目指せない）」クラブを知らず知らずのうちに脇役に押しやっていたのである。

だが、その時に「脇役」と見ていた彼らにも、それぞれに、ささやかではあるけれども魅力的な物語は確実に存在する。これからご紹介するのは、一般メディアではまず語られることのない、知られざるアマチュアサッカーの「ちょっといい話」である。

Ｊリーグが開幕した１９９３年。まだ18歳だった彼らは、新しい時代の輝きを傍観者として眺めていた。

「ちょうど高校を卒業した年でした。長崎の鎮西学院高校といって、県内ではそれなりに強かったんですけど、すでに国見（高校）全盛の時代でしたからね。プロっていいなという、淡い夢みたいなものはありましたよ。でも同い年の三浦淳宏（現淳寛）のプレーを間近で見て『ああ、プロってこういうやつがなるんだなあ』と。それもあって、就職した会社のサッカー部でお世話になることにしました」（安部真一）

「僕は広島の高校（山陽高校）からフジタ工業に入って2年目でした。『ウチらもあそこでプレーできるのかな』って感じで見ていましたね。（94年にベルマーレ平塚として）Ｊリーグ入りしたら、チームメイトがどんどん日本代表になって、あれあれって感じで（笑）。小島（伸幸）さん、テルさん（岩本輝雄）、ナラさん（名良橋晃）、名塚（善寛）さん、それから田坂（和昭）、そうそう、ヒデ（中田英寿）もいましたね。ヒデからどんどんいいパスをもらった感触は、今でもよく覚えています。ただ、それだけ豪華なメンバーだったから、あの時は試合に出ること自体が大変で（苦笑）。ベンチで試合を見ることのほうが多かったです」（竹村栄哉）

安部はその後、三菱重工長崎のサッカー部一筋でプレー。メンバーリストの「前所属」の欄は母校の名前が入ったままである。昨年は20年間、同一チームでプレーしたことが評価され、九州リーグで表彰を受けた。社会人チームの場合、移籍する選手はそれほど多くはないが、それでも安部のケースは九州リーグでは初めてだという。

一方の竹村は、98年にベルマーレを退団すると、水戸ホーリーホック、大分トリニータ、大宮アルディージャ、サガン鳥栖でプレー。06年いっぱいでサガンとの契約が切れ、コーチ入閣の打診をもらった。引退の二文字が脳裏をよぎったが、トリニータで共にプレーした原田武男から声をかけられ、07年から九州リーグ所属だったV・ファーレン長崎に移籍。ここで安部と竹村は、初めて同じピッチで顔を合わせることになる。

「特に因縁とかあるわけではないんですけど、いちおう『長崎ダービー』ですからね。当時のV・ファーレンの監督は岩本さん（文昭＝現常務取締役）でしたけど、『絶対に負けられん！』って、むちゃくちゃテンションが高くて（笑）。僕も長崎に来たばかりで、企業チーム相手に、なん

でこんなに熱くなるんだろうって感じでした」（竹村）
「重工の監督は根橋さん（和文＝現総監督）でした。普段はクールなんですけど、やっぱりV・ファーレンとの試合になるとテンション高かったですね（笑）。根橋さんと岩本さんは、国体ではチームメイトだったんです。岩本さんがだいぶ下なんですけど、でも試合となったら、先輩後輩は関係なかったですよね」（安部）
結局、九州リーグにおける長崎ダービーは08年に終了。V・ファーレンがJFL所属となってからは、天皇杯予選で顔を合わせることはあったものの、同クラブがJ2に昇格した13年以降は公式戦での対戦はなくなった。
しかし、サッカーがもたらす縁とは、わからないものである。アマチュア一筋の安部、そしてプロとしてさまざまなクラブとカテゴリーを渡り歩いた竹村は、いくつかの偶然が重なり、三菱長崎でチームメイトとなる。
V・ファーレンが2度目のJFLのシーズンを終えた10年のオフ。36歳になった竹村は、再び現役引退を考えていた。前年に左足前十字を負傷し、ようやく治りかけていた時に受けた戦力外通告。自分の中で「まだできる」という意欲と「もう潮時かな」という諦念とがぶつかり合い、もやもやした日々が続いた。そんな時、思わぬオファーが舞い込み、竹村の現役生活はさらに4年、延長されることになる。

16
4
MITSUBISHI
3
22
10
11

14年に和歌山で開催された全社に
出場した、三菱重工長崎のイレブン。
安部真一は10番、竹村栄哉は11番。

「重工の強化のために、選手兼コーチで行ってくれと。僕の他に、原田と加藤（寿一）が行くことになりました。4年後（14年）に長崎で国体があって、長崎県代表は重工が主体になる。そこで長崎県サッカー協会からV・ファーレンに協力の要請があったそうです。『長崎国体のためにひとつになってほしい』と」

とはいえ、かつては長崎ダービーでしのぎを削ったライバル同士である。しかも、プロとアマチュアという文化の違いもある。果たして自分たちが受け入れられるのか、当初は竹村たちも一抹の不安がないわけではなかった。幸い三菱長崎側は、いたってウェルカムな雰囲気だったという。ひとりひとりの技術も、それなりに高かった。ただし——と、竹村は続ける。

「たとえばゲームの中で、ドリブルすべきなのかパスすべきなのか、そこが理解できていない。それと生活習慣。当時は、若い選手が試合前日に飲みに行くようなことが普通にありました。いくらいい練習をしても、コンディションが整っていなければ意味がない。ですから最初は、そういったところからのスタートでしたね」

その結果、どうなったのか。指導を受けた安部に答えてもらおう。

「竹村さんたちが来てくれたのは、とても嬉しかったですね。絶対にプラスになると思っていましたから。それまでは、極端に言えば、ただ蹴って走ってというサッカーでした。それがプロの指導を受けることで、ゲームの中でも動きの質やポジショニングが格段に向上しました。あと、皆さん上から目線じゃなかったので、すぐに重工の選手と打ち解けることができました。

（原田）武男さんなんか、むしろいじられキャラでしたから（笑）」

教える側も、次第に手応えを感じるようになっていた。再び、竹村。

「重工の選手は、真面目な人が多かったのは大きかったです。練習すればするほど上手くなるので、だんだん彼らの眼の色が変わってきて、僕らもやりがいを感じるようになりましたね。結果として、その年（11年）に岐阜で開催された全社（全国社会人サッカー選手権大会）では初めてベスト8に進出したんです。そこからさらに、選手は意欲的になっていきました」


最後に竹村が語った全社とは、毎年秋に開催される、社会人サッカー日本一を決める大会である。32チームが5日連続でトーナメントを戦うという、極めて特殊なレギュレーションゆえに「日本で最も過酷な大会」とも言われている。近年では、地域リーグからJFL昇格を目指す地域決勝（全国地域リーグ決勝大会）の出場権が上位チームに与えられるようになり（いわゆる「全社枠」）、社会人日本一を決める大会は、より注目を集めるようになっていた。

14年、3大会連続で出場した和歌山での全社で、三菱長崎は誰もが予想しなかった大旋風を巻き起こす。1回戦はFC刈谷に1対0。2回戦はコバルトーレ女川に2対1。続く3回戦の相手は、天皇杯でJ1のベガルタ仙台に競り勝ち、関西リーグでも優勝している奈良クラブであった。三菱長崎の冒険は、ここで途切れるかと思われたのだが――。

「確かに奈良クラブは、前評判が高かった。とはいえ、いずれ連携に穴が出てくるから、そこを突こうと。先制されましたけど、相手のオウンゴールで同点になって『これは勝てるんじゃないか』と。そこからは、失点するイメージはなかったですね」（安部）

結局、前後半の80分と延長戦の20分（いずれも全社独自のレギュレーション）でも決着が付かず、ＰＫ戦までもつれた試合は、５人目で奈良が失敗し、安部がきっちり決めて三菱長崎が勝利。初めての全社ベスト４進出を果たすこととなった。全社枠は上位３チーム。あとひとつ勝てば、創部以来初となる地域決勝出場が決まる。そこでさらに勝ち進めたならば、ＪＦＬ昇格さえも夢ではない。

「もし本当にそうなったら、会社がどういう判断をするのか。今となってはわかりません。でもあの時は、とにかく地域決勝に出たいという気持ちしか、ありませんでしたね」（安部）

そして迎えた大会３日目の準決勝。相手は、関東リーグ２部で２位になったクラブ・ドラゴンズであった。流通経済大学サッカー部の「３軍」であり、トップチームに昇格できなかった１年生が主体の若いチームで、その平均年令は18・８歳。三菱長崎の平均年令は28・８歳。何と、10歳も違う。

三菱長崎の平均年齢を上げていたのは、安部と竹村がいたからだ。ふたりとも、今年で40歳。今大会でも異色の存在となっていた。しかしこの不惑コンビは、ここまでの３試合をスタメン、フル出場している。いささか無茶な起用にも思えるが、三菱長崎には止むに止まれぬ事情があった。

「あの試合は、ひとりが出場停止で、FWの熊谷（智哉）はベンチ入りしていたけれど、怪我で出場できなかった。ですので、実質的には15人で戦わないといけなかったんです。一番、状態が良かったのが安部ちゃん。九州リーグでは怪我もあって出場できない試合もあったけれど、全社に向けてコンディションを作ってきていたのは、さすがだなと思いました」（竹村）

「竹村さんもそうだと思うけど、自分の身体をしっかりケアするのは、サッカー選手として当たり前だし、連戦になるのもわかっているわけだから、準備をするのも当然のこと。コンディション作りって、結局は自分の限界を知ることだと思うんです。それに合わせて、トレーニングや食事や休息をとることが大事だと思います」（安部）

しかし、試合結果は極めて厳しいものとなった。前半は走り負けすることなく、イーブンな展開で試合を進めたものの、後半になって相手のパスの出どころを抑えられず、42分、58分、そして72分にはPKを決められ、3失点を喫してしまう。三菱長崎も77分にコーナーキックから相手GKのクリアボールを井福晃紀が左足で押し込んで1点を返すも、反撃はそこまで。1対3で敗れた三菱長崎は、最後の全社枠を得るべく、3位決定戦に回ることとなった。

「（クラブ・ドラゴンズ戦は）4試合目ということで、あと一歩がなかなか行けずに、相手のボランチにいいように散らされてしまいましたね。で、1点取られてから足が止まってしまった。ですから3決は、ラインを間延びさせず『前へ行こう』ということを徹底させました。守

備に回る時間帯は、ＦＷも下がる。あとはもう根性でやるしかない、という感じでした」（竹村）
必勝を期して臨んだ3位決定戦。相手は関東1部で3位となったＶＯＮＤＳ市原ＦＣだった。この試合も安部と竹村はスタメン出場。前線からのプレスを徹底させる戦術が奏功し、ほぼ互角の戦いを見せた三菱長崎だったが、後半になってアクシデントが重なる。
43分、それまで前線で必死にボールを追っていた竹村が負傷退場。さらに61分には、ＧＫ磯野佑介がジャンプしてクロスボールをキャッチするも、着地に失敗してボールがこぼれ、相手選手に詰められてしまう。結局、これが決勝点となり、三菱長崎の地域決勝初出場の夢は、あと一歩のところで潰えることとなった。
「やりきったというより、やっぱり悔しかったですね。竹村さんの負傷も、僕のパスがカットされたのがきっかけだったので、申し訳なくて」（安部）
「僕も悔しかったですが、指導してきた立場としては、みんなよくやったと思います。印象的だったのは、控室でみんながっくりしている中、安部ちゃんがひとり黙々とクールダウンをやっていたことですね」（竹村）
かくして全社の戦いは終了し、ほどなくして、このチームの集大成となる長崎国体が開幕する。竹村はコーチ兼任で長崎県代表に加わるが、安部はメンバーから外れることがすでに決まっている。九州リーグでは選手兼任監督だったが、総監督の根橋は安部が指導に専念することを望んでいるそうだ。そして竹村も、国体が終わればＶ・ファーレンの育成コーチに戻ることが既定路線。延ばしに延ばしてきた現役引退は、刻一刻と近づいている。

アマチュア選手を貫いた安部と、プロ選手からアマチュアに転じた竹村。間もなくスパイクを脱ぐにあたり、それぞれの胸中に去来するものは何か。安部は、97年の天皇杯でヴェルディ川崎（当時）と対戦した経験を引き合いに出しながら、こう語る。

「あの時のヴェルディは、豪華なメンバーでしたね。カズ（三浦知良）もラモス（瑠偉）も北澤（豪）も前園（真聖）もいましたから。でも、0対2というスコア以外、あまり覚えていないんですよ。正直に言えば、普段TVで見ていた人たちと対戦したことよりも、今回の全社みたいに、同じカテゴリーで上位に行けたことのほうが、個人的には印象深いですね」

竹村は、社会人チームに関わるようになり、プレーヤーとしての考え方が変わったと語る。

「若い頃は自分のことしか考えていなくて、勝利給も出ないようなところでサッカーやりたいとは思わなかったです。でも重工に来て、夢中でサッカーに打ち込む選手たちと接しているうちに、何だか自分の原点に戻れたような気がします。ひとりではサッカーはできない。あらためて、サッカーやってきてよかったなって、このトシになって思えるようになりました（笑）」

「語られないサッカー」というものが、間違いなく存在する。しかしその現場に足を運んでみると、ひょんなことから情熱と矜持に満ちた物語に出くわすことが、少なからずある。「この国には語るべきサッカー文化がない」などと嘆き悲しむ必要など、実はないのだ。

【付記】第69回国民体育大会『長崎がんばらんば国体２０１４』に出場した長崎県代表は、準決勝で福岡県代表にＰＫ戦で敗れたものの、京都府代表との3位決定戦では1対0で勝利した。

第10章
ゴン中山「現役復帰」の舞台裏

アスルクラロ沼津

――2015年・秋

初めて訪れる沼津の空は、まさにアスルクラロ(スペイン語で「明るい青」)だった。そして駅前は、少しだけまどろんでいるかのような、そんな印象を受ける。典型的な地方都市の風景が、そこには広がっていた。

静岡県東部に位置する沼津市。普段、車に乗っている人なら、沼津インターチェンジでお馴染みだろうが、そうではない東京人からすると、とんとご縁のない土地である。久々に新幹線こだまに乗って、沼津が停車駅でないことを初めて知ったくらいだ(三島駅で下車して、在来線で1駅)。

今回の沼津行きを決めたのは元日本代表、「ゴン」こと中山雅史のアスルクラロ沼津加入が契機であった。２０１２年のシーズン終了後、当時所属していたコンサドーレ札幌での実質的な現役引退(当人は「第一線を退く」と表現)から3年。最近ではすっかりスポーツ情報番組のコメンテーターが板についてきた中山であったが、48歳の誕生日直前での現役復帰(しかも４部に相当するＪＦＬで)。これには誰もが驚かされた。

もっとも、今回の取材のメインは中山ではない。当人にインタビューするのは容易ではないし、そもそも私の任でもないだろう。それよりも、日本サッカー界のレジェンドとも言える、あの中山の現役復帰が、アスルクラロというクラブに、沼津という街に、そしてJFLというカテゴリーに、どのような変化をもたらすのか――そこに私は、大いに惹かれていた。

今回、私が取材対象に選んだのは、2015年10月2日に静岡県愛鷹広域公園多目的競技場で開催される、アスルクラロ沼津対ソニー仙台FCというカード。「ゴンが復活する」と噂されるこの試合を軸に、試合前日から当日にかけて、私が沼津で出会った人々や体験した出来事について、時系列で記していくことにしたい。

試合前日の14時、指定されたクラブハウスにタクシーで向かう。「アスルクラロってわかります？」と尋ねると、「ああ、あの、48歳で現役復帰した人のいるチームでしょ？　J3でしたっけ？」。一部、誤解があるものの、大まかな認識は間違っていない。

やがて20分ほどのドライブで、目指す目的地に到着する。フットサルコートとテニスコートを併設した、平屋建ての小ぢんまりとしたクラブハウス。ここから車で数分離れた場所には、フルコートの人工芝のピッチもあり、数は限られているものの、更衣室やシャワー室も完備されている。規模や設備こそ質素ながら、いずれもクラブ自前のものだ。

アスルクラロの公式サイトを見ると、このクラブが単なるサッカークラブではないことが理解できる。サッカー以外にも、テニス、新体操、キャンプなど、まさに総合型スポーツクラブ。しかも設立は、今から四半世紀前の90年である。Jリーグ開幕の3年前に、すでに地域に根差した総合型スポーツクラブを志向していたという先見性に、まず驚かされる。

このクラブを立ち上げたのが、地元出身でアスルクラロスルガ株式会社の代表取締役、山本浩義。アテネ五輪で日本代表を率い、現在は解説者でお馴染みの山本昌邦の実弟である（ちなみに兄の昌邦は、一般社団法人アスルクラロスポーツクラブの理事長を務めている）。まずは山本に、クラブ設立の経緯について語ってもらった。

「兄とは高校（日大三島）も大学（国士舘）も一緒で、ずっとサッカーをやっていましたが、それで食っていこうとは思いませんでしたね。結局、教職免許を取って、埼玉の高校で体育教師になりました。その時に友人の紹介で、幼稚園の子供たちに体操を教えるスポーツクラブでアルバイトしたんですが、それがとっても面白くて（笑）。この年代の子供たちに、いかにスポーツの楽しさや身体を動かす爽快さを教えるのか。実はそれが、非常に重要であることに気付かされたんです」

それが自分の天命であると悟った山本は、高校教師という安定した身分を捨て、地元に戻ってアスルクラロの前身となる『有限会社沼津セントラルスポーツクラブ』を90年に立ち上げる。当初は、サッカーを中心としたスポーツの幼児教育を展開。Jリーグの足音が聞こえてくる時代背景もあり、これが保護者の間で好評を博した。やがて年を追うごとに、競技数や対象年齢を広げていき、スタッフも増やしていった。そして設立から13年後の03年、社名を現在のアスルクラロに変更する。

「始めた当初は、もちろん不安もありました。それでも兄からは『方向性は間違っていない。日本サッカーがプロ化すれば、絶対に地域に根差したクラブが求められる時代が来る』と背中を押されましたね。兄には要所要所で、いろいろアドバイスをもらいました」

ちょうどその頃、地元に『沼津香陵クラブ』という社会人チームが県リーグ1部で活動していた。自身、このチームのサイドバックとしてプレーしていた山本は、すでにある育成組織の上部に、トップチームを据えることを模索するようになる。そして06年、沼津香陵クラブからアスルクラロ沼津にクラブ名を変更。当初は単なる名前貸しのような状態だったが、08年からは山本自らがチームの代表者となり、さらに上のカテゴリーを目指すこととなる。

「ようやく東海2部に上がったとき(12年)、Jに行けるのは10年後くらいかなと思っていたんです。そしたら14年からJ3が始まることを知って、その条件を確認したら、ウチにも申請資格があることがわかりました。せっかくのチャンスだからということで申請したんですが、翌13年は地域決勝(全国地域リーグ決勝大会)に進めず、結局JFLからのスタートとなりました。それでもジヤトコFC(03年に解散)以来の東部でのJFLクラブですからね。地域の期待はひしひしと感じています」

山本に続いて話を聞いたのは、監督の吉田謙である。吉田は東京都出身の45歳。読売ジュニオール、NKK、甲府クラブ(のちのヴァンフォーレ甲府)、ブレイズ熊本(期限付き)を渡り歩き、ジヤトコFCで現役を引退。そのまま沼津に残り、アスルクラロで長年にわたり育成年代の指導に従事してきた。10年にS級ライセンスを取得し、今季からトップチームを率いている。まずは吉田に、外部の人間から見た県東部のサッカー地政学を語ってもらった。

「清水や藤枝や浜松あたりと比べると、確かにサッカーがそんなに強いという印象はないですよね。それでも東部からはけっこうタレントは出ているんですよ。小野伸二は沼津、高原直泰は三島、川口能活は富士の出身です。でもみんな、清水のほうに流出してしまう。社長も『東部の子供たちを東部で育成できる環境を作りたい』と、よくおっしゃっていましたね」

では、東部にタレントが生まれる理由は何か。吉田の答えは「教わりすぎないこと」である。

「この辺りは海と山に囲まれていて、子供たちが自然と触れ合う機会がたくさんあるんですよ。虫を採ったり、魚を釣ったり、サッカー以外の遊びがたくさんある。そういった遊びの中から、自由な発想が生まれて、それがプレーにも反映されている。ある種、ブラジルみたいな環境だと思います(笑)」

吉田は現役引退後の00年より、U－15チームの指導をするようになる。当時のチーム名は『ジュビロ沼津』。ジュビロ磐田の東部における育成チームという位置付けであった。ジュビロにとっては東部でのタレント発掘とプロモーションが同時にできるし、アスルクラロにとってはジュビロのブランド力で子供たちを集めることができる。これもまた、ジュビロの監督だった兄を持つ、山本のアイデアによるものだった。

実際、ジュビロ沼津からは、数多くのJリーガーや年代別代表候補を輩出している。今季のJクラブ所属の選手に限っても、川俣慎一郎（鹿島アントラーズ）、松本拓也（ブラウブリッツ秋田）、加賀美翔（清水エスパルス）、内田恭兵（京都サンガF.C.）、小川大貴、上原力也（いずれもジュビロ磐田）がここの出身者だ。しかしジュビロとの提携は08年で終了。以後はアスルクラロの名前で活動している。現場の立場として、この判断は正しかったと吉田は断言する。

「トップチームがJを目指すということで『今後はアスルクラロで行く』という方針だったと思います。育成の現場からすると、特定のクラブと提携するよりも、アスルクラロという街クラブとなったことで、子供たちの選択肢が広がりました。ウチの育成はかねてより注目されていましたから、県外クラブのスカウトからも声をかけてもらえるようになりましたね」

かくして、10年以上の長きにわたって幾多のタレントを育て、満を持して今季からトップチームを率いることになった吉田。そこに突然、降って湧いたような中山雅史の加入を、3歳年下の指揮官はどのように感じているのか。当人の答えは、意外と冷静であった。

「素直に嬉しかったですね。ただし、最初の練習参加を見ていて『この人、本気なんだ。決して冷やかしではないんだ』と思っていたので、現役復帰そのものに驚きはないです。練習中も、常に悔しがったり嬉しがったり、サッカーが楽しくて仕方がない、まるで中学生のような瞳を

3
usui
3
5
22
usui
SURUGA
明治安田生命

していましたね（笑）。その姿を見ていて『この人と一緒にやりたい』って思いました」

一瞬、吉田の表情が「いちファン」のようになっているのを感じた。しかし、チームを預かる者としての自覚が揺らぐことはない。「ゴンさんのことは僕もリスペクトしていますが、監督である以上、いち選手として見ています」と付け加えることを忘れなかった。

クラブハウスでの取材後、広報の杉山勝良が運転する車で、明日の会場である愛鷹に向かった。「ウチはスルガ銀行さんが背中に入っていますが、決して楽な運営ではないんです。それを見ていただきたくて」と杉山。まさに願ったり叶ったりの話である。途中、杉山の携帯が鳴った。ある新聞社から「明日の試合で、中山はベンチ入りするのか」という問い合わせである。電話を終えてから、杉山は半ば愚痴めいたことを語り始めた。

「最近はこういう電話が多いですね。ベンチ入りするかどうかなんて、広報の僕が知る由もないし、知っていたとしても言えるわけないじゃないですか（苦笑）。それと『ゴンさんにインタビューさせてください』というリクエストもよくいただきますが、個別取材は全部、事務所マターですからね。こっちにそういう権限はないです」

ちなみに中山は、アスルクラロの選手となったとはいえ、常にチームに帯同しているわけではない。生活の拠点は東京にあり、試合や練習のたびに合流する。明日のソニー仙台戦も、東京から車で直接会場に向かうそうだ。

ほどなくして、愛鷹の競技場に到着。ここは県東部では初めての本格的な陸上競技場で、収容人数は1万人。メイン以外は芝生席の、典型的なＪＦＬの競技施設で、かつてはジヤトコもここをホームとしていた。ちょうどこの日は、地元の少年少女のために陸上トラックが開放され、小学生たちが楽しそうに駆け回っている。

「19時までが陸上の時間ですので、それから看板の設置を始めます。スタッフ総出でやりますが、まあ21時まではかかるでしょうね」

そう語るのは、クラブの取締役兼運営委員の細谷直右。前身のセントラルスポーツ時代を知る、数少ない古株である。そんな彼に、かねてより疑問だった、アスルクラロの名を冠するふたつの組織（アスルクラロスルガ株式会社と一般社団法人アスルクラロスポーツクラブ）の違いについて聞いてみた。

「よく混同されるし、実際に所在地も一緒なんですが、別法人です。株式会社のほうは、トップチームの運営とグラウンドなどの施設管理が主な事業。一般社団法人のほうは、スクールやアカデミー、地域貢献、さらには『スポーツ＆カルチャー』という活動もやっています。ウチはスポーツだけでなく、陶芸教室や料理教室なんかもやっているんですね。参加される方はもちろん、指導される方にも場を提供できるので、両方から喜ばれています」

なるほど、そういう形での地域貢献もあるんだなと、深く頷く。もうひとり、今度は若手スタッフにも話を聞いてみた。今年2年目、運営委員代理の岩田惠典である。岩田はセントラルスポーツの卒業生で、関東の大学に進学してからは一時、鹿島アントラーズのゴール裏で精力的に活動。その後は某Fリーグのクラブで働いたものの、いろいろあって故郷のクラブに拾ってもらった。きつくて忙しいこの仕事を岩田があえて選んだのは、小学4年生の時のある体験が契機となったという。

「99年5月5日、親に連れられて、国立での鹿島対磐田を観たんです。それまでJリーグにも興味はなかったんですが、会場に入った瞬間に『なんだ、この空間は！』って思いましたね。芝がきれいに敷き詰められていて、看板が整然と並んでいて。中山選手を初めて生で観たのも、あの試合でした。結局、僕は鹿島サポになりましたけど（苦笑）。今はホームゲーム運営を担当しています。大変は大変ですけど、楽しいです。初めてアスルの試合に来た人にも、僕が初めてJリーグを観た時に感じたような、楽しい空間があることを知っていただきたいですね」

19時、陸上トラックの開放時間が終了し、照明灯の灯りは半分に減らされた。周囲が薄暗くなる中、スクール指導などの業務を終えたスタッフが、看板設置を手伝うために三々五々集まってくる。並べる看板は、全部で63枚。それ以外にも、明日13時のキックオフまでにやるべきことは山ほどある。果たして当日は、どれくらいの観客が足を運んでくれるのだろうか。

試合当日、少し早起きをして駅前から出る巡回バスに乗り、沼津港に向かう。同じバスに乗っているのは、いずれも70歳前後と思しきお婆さんばかりだ。早朝からやっている食堂で、釜揚げシラス丼を食す。ここでも、膳を運んでくるのはお婆さん。厨房には数人の若い男がいたが、どうも日本人ではないようだ。会計の際にさりげなく聞いてみると、お婆さんは小声で「ベトナム人だよ」と教えてくれた。「あの子たちがいてくれないと、回っていかないからねえ」とも。地方都市の現実を、図らずも実感する。

キックオフ3時間前、駅前から出るシャトルバスで愛鷹に向かう。乗客の中には、ジュビロのタオルマフラーや古い代表グッズを身に付けた人もいた。中山がクラブを去って6年、最後の代表戦に出場してから12年が経過しているのに、いまだにこの根強い人気である。果たして今日、48歳のゴンに出番はあるのだろうか。

スタジアムの周辺は、JFLとは思えないくらい賑わっていた。東部を代表するB級グルメ、富士宮焼きそばをはじめとするさまざまな屋台のほかに、フェイスペインティングや子供向けのネイルアートのコーナーもある。そんな中、タイコを肩から下げ、ドナルドダックのマスクを被った男の姿に目を奪われた。アスルクラロの名物サポーター『アスルドダック』だ。この人物、アスルクラロのホームゲームに現れては、子供たちにタイコを叩く面白さを伝える普及活動を続けている。

「なぜこの格好をしているかというと、単純に子供たちが喜んでくれるからです（笑）。毎回、60人から多いときで150人くらいが叩いてくれますね。もちろん、僕が勝手にやっていることです。JFLって、Jリーグでは認められていないことが許されている部分が多いから、ある意味、懐が深いカテゴリーだと思うんですよ。だったら、自分が楽しいと思うことをどんどんやったほうがいい。それで楽しんでくれる人がいれば、なおいいですよね」

ゴール裏のコアサポにも話を聞いた。コールリーダーの『ザビ太』は、今日のソニー仙台戦の重要性をこう語る。

「ウチは現在、総合順位で5位。鹿児島ユナイテッドを抜いて4位以内にならないと、J3昇格はないんです。残り6試合、全勝でいきたいけれど、今日の相手は首位のソニー。ウチはまだ一度も勝てていない相手です。でも、それだけに気合は入っていますよ」

実はザビ太は、ジヤトコFCのサポーターだった。チーム解散が発表された03年には存続を訴えるべく、仲間たちと一緒に署名活動も行っている。

「JFLの企業チームでしたけど、ジュビロとかベガルタ（仙台）とか、対戦したこともないJクラブのサポーターも『応援しているチームが無くなったら辛いよね』と協力してくれました。結局、ジヤトコは解散しましたが、その流れを組むチームが生まれました。FCイースタン04っていうんですけど、東駿河湾リーグを1年だけ戦って休眠状態になりましたね」

アスルクラロの存在を知ったのは、県リーグ時代の06年から。だが、すぐに違うチームに乗り換えるのは憚られたので、東海リーグに昇格してから応援を始めたという。その間、実に6年。待たされた分だけ、応援が楽しくて仕方がないという。

「ジヤトコ時代の仲間も3～4人残っています。もちろん、アスルクラロとジヤトコはまったく違うチームですけど、吉田監督をはじめ東部のサッカー人脈のつながりが感じられますし、ＪＦＬの舞台で再び応援できるのが嬉しかった。ただ、去年は嬉しさだけで終わった部分もあったので、今年はサポも本気でＪ３昇格を目指しています」

その後もメインスタンドには続々と観客が詰めかけ、最終的に８３３７人もの入場者数となった。通常の3倍近い数字。もちろんクラブ新記録だ。一方、取材者の数も尋常でなく、大手メディアも含めて45人（普段なら4〜5人くらいだそうだ）。すさまじいまでのゴン人気である。やがてキックオフ1時間前となり、メンバー表が配布される。スタメンに、中山雅史の名はなかった。サブにもない。中山、ベンチ外！　その瞬間、メディア控室の空気は、文字通りこわばっていた。

さすがにクラブ側も配慮すべきだと判断したのだろう。試合前には中山自らが入団発表の挨拶をし、理事長の山本昌邦が背番号39の中山のユニフォームを披露してフォトセッション。さらに試合後には、ベンチ入りしなかった選手たちのトレーニングに中山も参加することが伝えられ、ようやくキー局のクルーも納得した。

肝心の試合は、予想外にスリリングな展開となった。前半0対0で折り返した65分、右サイドの速攻から蔵田岬平のゴールでアスルクラロが先制。一時はゲームの主導権を握る。しかしソニー仙台は、その6分後に同点に追いつき、さらに終了間際の劇的な逆転ゴールで首位の意地を見せた。

ファイナルスコア、1対2。アスルクラロの淡い夢は、ものの見事に打ち砕かれた。それでも、最後まで諦めずに戦い抜いたアスルクラロの選手たちには、スタンドから温かい拍手と歓声が送られた。果たして、この日初めて愛鷹を訪れた観客の何人が、今後もリピーターになってくれるだろうか。試合の結果以上に、そのことがまず気になった。

試合後の会見、指揮官の吉田に「中山をベンチ外にすることに迷いはなかったのか」とあえて尋ねてみた。案の定、吉田は少し憮然とした表情を浮かべながら「中山選手は30人いる選手のひとり。特別枠を設けて彼を試合に出すようなことをするつもりはないし、それは日本サッカーのレジェンドに対して失礼だと思う」と語った。健全な回答を得られて、私は密かに安堵する。相手との力関係、そして当人のコンディションを考慮すれば、いくら話題性があるといっても、ベンチ入りさせなかったのは当然の判断であったと思う。

ちなみにアスルクラロの選手は、期限付き移籍の選手を除けば全員がアマチュアの身分だ。午前中の練習が終われば、午後はそれぞれの職場でサッカーに直接関係のない仕事に従事して生計を立てている。中山についても、TV出演などの収入がメインであり、アスルクラロからの金銭的な見返りはなから求めていない。ただし、TVの収録と練習がバッティングしたら、やはり前者を優先せざるを得ないだろう。厳しい言い方になるが、そのような立場にある選手がスタメンを張れるほど、JFLは甘くはない。

すべての取材を終え、今回お世話になった人たちに挨拶してから、あらためて試合後のピッチに視線を送る。スタッフがテキパキと看板の撤去作業を続ける中、ベンチ入りできなかった若い選手たちに混じって、48歳の元日本代表がピッチ上で汗を流していた。

吉田が言うように、確かに「中学生のような瞳」をしているが、そこには出番を与えられなかった悔しさが見て取れる。ストイックで、泥臭くて、そして負けず嫌い。われわれがよく知っている、いい意味で何も変わっていない中山雅史の姿が、そこにあった。

そしてJFLの風景もまた、何も変わってはいなかった。「ゴン中山降臨」の噂で、多少は観客数が増え、メディアの注目度は増したかもしれない。しかしそれらを除けば、自由で大らかで懐の深い、いつものJFLがそこにはあった。

第11章 「ミスターレノファ」と呼ばれた男

レノファ山口FC

かつて「ミスターレノファ」と呼ばれていた男がいる。

福原康太、32歳。ただし、彼のプレーを知っているのは、レノファ山口FCが中国リーグを戦っていた時代を知る、古参サポーターのみである。ネットで検索しても、出てくる情報はそれほど多くはない。何かと重宝しているウィキペディアにも、今のところ「福原康太」に関する項目はない。

福原は2008年から14年までレノファ山口に在籍し、歴代最多73ゴールを挙げている。12年からは背番号10を背負い、サポーターからは「ミスターレノファ」と呼ばれ、大いにリスペクトされていた。

J3時代の15年、レノファは最終節（対ガイナーレ鳥取戦）でアディショナルタイムに同点に追いつき、2位のFC町田ゼルビアの猛追を振りきって劇的な優勝を果たした。13年まで地域リーグ所属だったレノファが、14年にJFL、15年にJ3、そして16年にJ2と1年ごとにカテゴリーを駆け上がる姿は、まさにサプライズそのもの。そんなレノファを取材するべく、

15年の11月に山口を訪れた際、サポーターを介して出会ったのが福原だった。

実は私は以前、福原のプレーを見ている。２００８年の地域決勝（全国地域リーグ決勝大会）、決勝ラウンドでのことだ。沖縄は石垣島で決勝ラウンドが開催された08年大会では、ＦＣ町田ゼルビア、Ｖ・ファーレン長崎、そしてホンダロックＳＣがＪＦＬ昇格を果たしているが、この時に4位となったのが、中国リーグを制して出場したレノファ山口。彼らは初出場ながら、鳥取で行われた1次ラウンドを2勝1ＰＫ勝ちで突破し、石垣島までたどり着いた。

当時の記録を読み返すと、福原は背番号26を付けてＭＦとして3試合にフル出場している。結果としてレノファは、1勝どころか1ゴールも挙げられずに大会から去っていったが、前身の山口県教員クラブから「Ｊリーグを目指すクラブ」に生まれ変わって、わずか3年での地域決勝への挑戦は大いに評価されてしかるべきだろう。なお、この時チームを率いていた監督の宮成隆は、2年後の10年に勤めていた仕事を辞してＧＭとなるも、その後のクラブの躍進を見届けることなく、13年6月9日に肺がんのため死去。56歳の若さであった。

さて、福原のその後である。彼は現在、Ｊ2昇格の熱狂から離れた場所にいる。山口市内で暮らしてはいるのだが、今は働きながら山口県1部のＦＣバレイン下関でプレー。14年途中で期限付き移籍に出され、今季から完全移籍となった。あれほど渇望していたＪＦＬの試合には一度も出場することはかなわず、今季は維新百年記念公園陸上競技場で飲料水の販売をしながら、Ｊ2昇格に邁進する古巣の盛り上がりを眺めていた。

クラブは生き物であり、その新陳代謝の過程において、毎年のように何人かの所属選手がサポーターに別れを告げる。「ミスター」とか「キング」とか「レジェンド」などと呼ばれた選手も、その例外ではない。ゆえに福原が語る「物語」も「よくある話」なのかもしれない。

それでも、レノファ山口が驚異的な速度でカテゴリーを上げていく中、その黎明期に奮闘したプレーヤーの言葉に耳を傾けてみるのは、それなりの意義はあるのではないか。実のところ福原が語る物語は、驚くほどに起伏に富んだものであった。

＊

正直、レノファの変化にはびっくりしています。連日のようにＴＶで見るようになりましたし、普通の夕方のニュースでもレノファが取り上げられるようになりましたから。

僕は今、レノファのスポンサーの株式会社ビ・メークというところで働いていて、試合がある日はスタジアムで水の販売もやっているんですけど、ゴール裏の観客がかなり増えているのを感じます。ＪＦＬだった去年（14年）は３０００人とか４０００人でしたけど、今年は８０００人を超えた試合もありましたからね。チームが結果を出すことで、メディアも取り上げてくれるようになったのは大きかったと思います。

もし、あのピッチに自分がいたら――そう思うことは今でもありますよ。Ｊ３の試合を見ていると「自分もここを目指してやってきたのに」って。ただ、去年の終わりくらいに石原（正康）ＧＭから「レノファの10番は、本当にこのチームを背負ってくれそうな選手が現れたら付けさ

上：08年の地域決勝に出場したレノファ山口FC。福原康太は26番。
下：監督の宮成隆。のちにクラブGMとなるも志半ばで13年に死去。

せたい」とおっしゃっていたんです。それを聞いて、自分がやってきた7年間は決して無駄ではなかったなって思えました。

出身は福岡です。高校は東海大学付属第五高校といって、僕たちの代はインターハイと（全国高校サッカー）選手権に出場できました。たまたま東（福岡高校）が良くない時期だったのもありましたけど。選手権の2回戦で清商（清水商業）に当たって、向こうには佐野裕哉、小林大悟、そして1年に菊地（直哉）がいたんですけど、0対3でボコられましたね（笑）。

当時のポジションはFWかトップ下、真ん中が多かったです。卒業後、プロを目指して大宮アルディージャの練習生になったんですけど、契約には至りませんでした。自分のプレーがまったく通じなかったのがショックで、「もうサッカーを辞めようかな」と半年くらい実家でぶらしていたんです。そしたら小中の選抜チームでお世話になった恩師から、福岡教育大学でトレーニングを続けるように勧められたんですね。「まずは身体を作り直して、それからチャンスを待ちなさい」って。

その後、地元の後輩から紹介されて、アルゼンチンにサッカー留学しました。それが2002年の4月から11月まで。コルドバ州リーグに所属しているFCアトラスというところにいたんですけど、そこで試合で使ってもらっているうちに、またサッカーの楽しさを思い出しました。でも、帰国後はなかなか新しいチームが見つからなくて、北九州の市リーグで3年くらい、バイトをしながらサッカーを続けていました。

中国リーグで初めてプレーしたのは06年です。ただしレノファではなく、FCセントラル（現デッツォーラ島根）というチームでした。ちょうどその年に、山口県教員団がレノファ山口になって「山口からJリーグを目指す」ということで、けっこう盛り上がっていたんですよ。お客さんは一気に増えたし、山口銀行が胸スポンサーに入っていたし、何だか羨ましかったですね（笑）。だからこそ「レノファには負けたくない」というのはありました。

次の年（07年）、FCセントラルが地域決勝に出場して、僕も初めてあの大会を経験しました。FC Mi－Oびわこ草津（現MIOびわこ滋賀）、松本山雅、ヴォルティス・アマチュア（当時）と同じ組だったんですが、1対9とか0対6とか、まったく刃が立ちませんでした。

この年（JFLに）昇格したファジアーノ岡山とは、リーグ戦で戦っていましたから、自分ではもっとやれると思っていました。でも結果は結果だし、僕も25歳になっていたので「このままセントラルにおっても先はない」ということで、いくつかトライアウトを受けました。でも、結果は全部ダメ。さすがにこの時は、実家の大工を継ぐことを真剣に考えました。

レノファの監督だった宮成さんから声がかかったのは、そんな時でした。「とりあえずプレーを見てみたいから山口に来てくれ」と。それで紅白戦に出たら、「ぜひ一緒にやりたい」と言われたんですが、最初はサッカーで給料は出ないという話だったんです。

プレーは続けたいけれど、給料が出ないのは厳しいなと思って、こちらから断りの電話を入れようと思ったんです。そしたら、当時の代表の佐竹（博）さんから電話がかかってきて「11年の山口国体に向けて、強化選手としてお金を出す」というオファーをいただきました。僕の他にもアビスパ福岡から、安田（忠臣）と多久島（顕悟）といった元Jリーガーも入ることになって、これは本気なんだと思いましたね。

実際、最初の2年（08年と09年）はサッカーだけに専念できましたね。09年の途中から、少しお金が必要になったのでバイトも入れたりしましたけど、基本的にはサッカーだけで生活していました。ただ、他の選手は仕事の斡旋もなかったですし、アパートも自分で探してくださいっていう感じだったので、大変だったと思います。

当時のレノファは、大きく分けて3種類の選手がいたんですよ。教員や正社員の選手、僕たちのような強化選手、そしてバイトで10時間くらい働きながらプレーしている選手。宮成さんも、チームをまとめるのに大変だったと思います。日曜日が試合で、練習は水、木、土の週3回。もちろん夜でした。

08年の地域決勝は、よく覚えています。中国リーグを無敗で優勝して、1次ラウンドの会場は鳥取。相手は静岡FC、グルージャ盛岡、松本山雅でした。最初に対戦した静岡FCは、三浦泰年さんが総監督で元Ｊリーガーも何人かいたんですけど、２対１で勝利することができました。グルージャにも同じスコアで勝って、松本にはＰＫ戦で勝利。何というか、まったく負ける気がしなかったですね。

石垣島での決勝ラウンドは、相当お金がかかったはずなんですけど、あとから宮成さんがポケットマネーから出していたという話を聞いたことがあります。宮成さんは当時、特別支援学校の先生をやりながら監督をやっていました。

決勝ラウンドの相手は、町田ゼルビア、ホンダロック、そしてＶ・ファーレン長崎。勢いで勝てるようなチームはひとつもありませんでした。特にゼルビアは、本当に強いと思いましたね。印象に残っているのは勝又（慶典）選手。「なんで地域リーグに、こんなすごい選手がおるんや」って思いました。それと開始早々に、石堂（和人）選手に直接ＦＫをぶち込まれたのが、すごく記憶に残っています。

結局、３戦全敗で石垣島から戻ってきたんですけど、あの時点ではＪＦＬに行けなかったのは良かったと思っています。あの体制のままで全国リーグに行ってしまっていたら、きっとパンクして三菱水島ＦＣみたいに（ＪＦＬを）退会せざるを得ない状況になっていたんじゃないかと。もちろん僕らも上がりたい一心でしたけど、客観的に考えるとそう思いますね。

ただ、あの大会で宮成さんの中ではスイッチが入ったようです。大会後、ご飯に連れていってもらった時に「これからはもっと本気で取り組む」とおっしゃっていました。そしたら２年後（10年）、先生は仕事を辞めてレノファのGMになったんです。定年まであと数年というタイミングだったので、正直びっくりしました。でも、すぐに「宮成さんのために僕もやらなければ」って思いましたね。

実は僕、宮成さんには息子のように可愛がってもらっていたんです。ご飯をご馳走してくれただけでなくて、居残り練習にもよく付き合ってもらいましたね。宮成さんも現役時代は山口教員団でプレーしていて、何度か中国リーグで得点王になったそうです。よく言われたのが「自分の得意な形を作れ」でした。僕は左利きなので、右のポジションからカットインしてシュートする練習を叩き込まれましたね。レノファで通算73ゴールを挙げることができたのも、宮成さんのお陰だと思っています。

11年はレノファに来て、一番厳しいシーズンだったかもしれません。リーグ戦では優勝できず、地域決勝に出られない。山口国体では1回戦負け。当時、国体強化選手として県協会からお金をもらっている選手は、僕を含めて6人いました。「これからどうなるんだろう?」という不安はありましたね。そんな中、ちょうど父が亡くなって僕は実家に帰省していたんですが、宮成さんから「心配するな。レノファは続ける」と電話をくれました。しかも練習は夜から昼に切り替えるし、栄養費として1万円でも2万円でも出すと言ってくれました。ですから、レノファが上を目指すために本格的にスイッチが入ったのは、次の12年からです。

この年、河村さん（孝＝現レノファ山口代表）が監督に就任しました。リーグ戦は4位に終わりましたけど、13年には引退したばかりの（中山）元気さんに監督を引き継いで、河村さんは宮成さんに代わってGMに就任したんです。プロの世界を知っていて（元横浜フリューゲルス）、教員団のしがらみがない河村さんがフロントに入ってくれたのは、クラブにとって大きなターニングポイントだったと思います。

そういえば、僕が背番号10を付けるようになったのも12年からでした。宮成さんと背番号の話になった時に「10番はどうだ？」と言われて、自分にプレッシャーを与える意味も含めて付けることにしました。僕にとって10番というのはずっと憧れでしたけど、それこそ中学とか高校1年の大会でしか付けたことがなかったので、すごく嬉しかったですね。次の年に宮成さんが体調を崩されて、GM職を河村さんに引き継ぐことになるんですが、その前に背番号10を託されたのは自分でもちょっと暗示的だなと思いました。

宮成さんと最後にグラウンドでお会いしたのは、13年の4月か5月の暖かい日でした。声があまり出ない状態でしたけど、「オレは絶対、またここに戻ってくるから頑張ってくれ」と言われました。その後も、よくお見舞いに行きました。抗がん剤治療をご自宅で受けていたんですけど、お見舞いに行くと会話をするのも辛そうで……。奥さんの方から話しかけることが多かったですね。

宮成さんはものすごく責任感の強い人で、監督時代、試合に負けたら「全部オレが悪い」と言うような人でした。GMになってからも、クラブの仕事を全部自分でやらないと気が済まなかったようです。先生を辞められてからは、健康診断も行けないくらい忙しそうにしていたと奥さんから聞いています。

亡くなられたのは6月9日でした。覚悟はしていましたが、本当にショックで……。僕は本当に、最後まで息子のように可愛がられていたんで、お通夜のときも葬儀のときもずっと泣いていました。辛くて、桶の中の顔は見ることができなかったです。自分が恩返しできることは、レノファをJFLに昇格させることしかない。葬儀の帰り道にも、チームメイトとそんな話をしたことを覚えています。

13年のシーズンはリーグ戦では3位でしたが、全社（全国社会人サッカー選手権大会）で優勝して、地域決勝の出場権は得ていました。ちょうどクラブがJ3の申請をしていて、地域決勝で好成績を残せば中国リーグから一気にJ3に行ける。ですから僕らも、ものすごくモチベーションが高かったんです。でも1次ラウンドでは、マルヤス工業に引き分けるのが精いっぱい（2対2）。ヴォルカ鹿児島に1対2、FC大阪に0対1で負けて、決勝ラウンドには行けませんでした。

残念ながら一気にJ3とはなりませんでしたが、JFLへの加入が決まった時は嬉しかったですね。それこそ人一倍、昇格にこだわりながらやっていましたから。もちろん、ピッチ上で昇格を決めたわけではないので、何だか実感が沸かないというのが正直なところでした。そのあと来季のユニフォームが届いて、袖の部分にＪＦＬの文字が書かれてあったのを見た時に、ようやく実感がこみ上げてきましたね。

これはあとで聞いた話ですが、レノファがＪＦＬに加盟できたのは、運営面が評価されたんだそうです。それは社長の河村さんやＧＭの石原さんをはじめ、クラブの人たちが頑張ってくれたお陰だと思っています。

14年のシーズンは、そりゃあ楽しみでしたよ。夢にまでみたＪＦＬの舞台ですから。でも開幕後は、ずっと試合で使ってもらえませんでした。

実は前の年のオフに、河村社長と石原ＧＭから「本当は引退してもらって、今後はスタッフとして働いてほしい」というオファーをいただいていました。そしたら新監督の上野（展裕）さんから「ぜひ（選手として）残ってほしい」と言われたんです。でも、実際にフォーメーションの練習や紅白戦をしていると、明らかに僕の扱いは2番手か3番手なんですよ。

なぜ自分が使われなかったのか、上野さんに聞いたことはないですね。今にして思えば。聞いておけば良かったと思います。結局、出番がない時期が続いているうちに、僕自身も肉離れを繰り返してしまって、やがてベンチにも入れなくなって……。

その年の夏、（山口）県リーグ1部のＦＣバレイン下関から期限付き移籍の話をいただきました。悩みましたけど、カテゴリーが下がっても自分を必要としてくれるチームがあるのはありがたかったし、何よりもサッカーに飢えていましたから、受けることにしました。ＪＦＬは夢にまで見た舞台でしたけど、結局は1分もプレーすることなく諦めましたね。

移籍するにあたって、レノファの公式サイトに長いメッセージを書かせていただきました。レノファのサポーターには、本当に感謝しています。試合に出られなかったときでも「康太のプレーが見たい」とか「絶対チャンスが来るから」とか励ましてもらいましたし、いろいろ差し入れもいただきましたし。ありがたく思う一方で、プレーで返せないもどかしさはありました。結局、レノファに戻ることはなく、今年（15年）バレインに完全移籍しました。

今は山口市内から下関に通っています。車だと片道1時間40分くらいですね。山口県って、けっこう広いんですよ。チームには、元レノファの選手もいっぱいいますので、楽しみながらサッカーをやれているという実感はあります。ただ僕自身は、現役生活は今年いっぱいまでと決めているんです。

今度の11月14日と15日に中国地域県リーグ決勝大会というのがあって、その大会に勝てば中国リーグに上がれるんですね。各県リーグの上位チームが8チーム集まるんですけど、今年は山口で開催されるんですよ。

昇格が決まっても、来年もまた県リーグになっても、そこで引退と決めています。ただ、できれば昇格を置き土産にして、スパイクを脱ぎたいですよね。カテゴリーは違っても、ずっと昇格にこだわってきましたから。

スタッフとしてレノファに戻ることですか？　考えていませんね。一度オファーをいただいた時に断っているので、自分の中ではレノファで働くというのはないです。むしろバレインを県リーグから地域リーグに上げて、そのあとはバレインのスタッフとしてクラブ運営に携わっていきたいです。そしていずれは、レノファとのダービーを実現させたいんですよ。

下関って、県内で人口が一番大きいんですが、山口ではなく関門海峡の向こう側の福岡を向いているんですよね。TVも福岡の放送が入るけれど、レノファの情報はあまり入ってこないから定着していないんですよ。下関（市営下関陸上競技場）でホームゲームをやっても、あまりお客さんが入らないし、むしろ山口市に対してはライバル意識みたいなのがある。

ですから、いつかバレインがJクラブになって、レノファとダービーをやったら絶対に盛り上がると想うんですよ。楽しそうだと思いませんか？　それが、僕の今の夢ですね。

【付記】中国地域県リーグ決勝大会に出場したバレイン下関は、SC鳥取ドリームスと対戦。延長戦の末、2対3で敗れたため中国リーグ昇格はならなかった。インタビューでは現役引退を示唆していた福原だったが、翌16年は選手兼任のGMに就任。生活の拠点を下関に移し、今も多忙な日々を送っている。なおバレインでの背番号は、レノファで最初に付けていた26番である。

第12章

街クラブが「世界を目指す」理由

ブリオベッカ浦安

――2016年・春

「これから行くのは大分の中津。去年の地域決勝（全国地域リーグ決勝大会）の1次ラウンドでブリオベッカがものすごくお世話になったので、そのお礼でクリニックをやるんです。チケット代ですか？　自分のマイレージを切って行ってきますよ」

午前8時の羽田空港第一ターミナル。元日本代表にして、現在はブリオベッカ浦安のTD（テクニカル・ディレクター）を務める都並敏史をようやく捕まえることができた。早朝のインタビューにもかかわらず、都並の口調は相変わらず滑らかであった。

「中津にはね、名蹴会のイベントで一度だけ行ったことがあったんです。（1次ラウンドの）会場が中津に決まったとき『やった！』って思いましたね。いちおう僕も有名人だし（笑）、中津の人たちはサッカー好きが多かったので、いろいろと相談に乗ってくれたの。いい宿も紹介してくれたし、バスも用意してくれたし。しかもどんどんサービスが増えていって、最終的にはバスの料金も『いらない』と言われてしまったんです。それは僕が有名人だからではなくて、試合を観ていた中津の人たちが、ブリオベッカのサッカーに惚れてくれたからなんですよ。僕らのひたむきさに、彼らは感情移入してくれたんです。サッカーの力ってすごいなあと」

何のてらいもなく、自分のことを「有名人」と語りながら、まったく嫌味が感じられないのが、いかにもこの人らしい。それはさておき興味深いのが、中津市民のみならず都並自身も、ブリオベッカ浦安というクラブに、心底惚れ込んでいるという事実である。

日本サッカーの功労者たちが名を連ねる名蹴会（会長は金田喜稔）。ラモス瑠偉、井原正巳、堀池巧と共に副会長に名を連ねる都並は、押しも押されもせぬレジェンドのひとりだ。そのキャリアについては、今さらここで触れる必要もないだろう。指導者に転じてからは、ベガルタ仙台、セレッソ大阪、横浜ＦＣの監督を務めている（いずれも１シーズンのみ）。そんな都並がなぜ、去年（15年）まで関東リーグ１部に所属していたアマチュアクラブに入れ込んでいるのだろうか。実際、かつて「狂気の左サイドバック」と呼ばれた男は、今回の中津でのクリニック以外でも、喜々としてブリオベッカのために身を粉にして働いている。

「ブリオベッカでの肩書はＴＤですが、育成の部長補佐、スポンサー営業のサポート、広報活動、なんでもやります（笑）。もちろん（東京）ヴェルディにも愛着は感じるけれど、ブリオベッカについては情熱だけでやっている感じ。ただただ楽しいんですよ」

実のところ、都並とブリオベッカとの付き合いは長い。前身の浦安ＪＳＣが立ち上がった１９８９年より、よく練習場に顔を出していた。立ち上げメンバーのひとりである齋藤芳行が、読売ユース時代の同期だったことが大きかった。ヴェルディユースの監督となった01年には、齋藤率いる浦安ユースとたびたび対戦し、ことあるごとに育成について熱い議論を交わしていたという。ヴェルディSS調布でくすぶっていた長男の智也に「身の丈に合った場所でプレーしたほうがいい」と浦安ユースを勧めたのも、クラブの理念や指導方針に一定以上の信頼と共感を抱いていたからだ。そうした経緯ゆえに、14年1月にヴェルディの普及育成アドバイザーを退任して、すぐさま浦安のTD就任を引き受けたのも、当人にとっては当然の流れであった。

「TDに就任する直前に、浦安の試合を見に行ったんです。普通だったら、子供たちは僕のほうにサインをもらいに来ますよね、有名人だから。ところが試合が終わったら、僕じゃなくてキャプテンの（清水）康也のほうに行くわけですよ（笑）。子供たちはTVに出ている僕じゃなくて、トップチームの選手たちに憧れている。それが嬉しくてね。このクラブは最高だなって、その時に思いました」

あの都並敏史をして、ここまで夢中にさせてしまうブリオベッカ浦安とは、果たしてどのようなクラブなのか。地政学的観点を絡めながら、探ってみることにしたい。

ブリオベッカ浦安の練習は、基本的に火曜日から金曜日まで、午前9時から2時間半かけて行われる。練習風景を取材するべく、通勤ラッシュに逆走するようにして、東西線の浦安駅からバスに乗り継ぎ、浦安市運動公園陸上競技場に到着。ところが、ここで痛恨のミスが発覚する。練習場は車でさらに15分ほどの距離にある、浦安市総合公園だったのだ。

慌ててタクシーを拾おうとするが、なかなか見つからない。これはバスで最寄り駅まで戻ったほうがいいと判断して、「新浦安駅」と表示された出発直前のバスに飛び乗る。だが、ここで痛恨のミス第2弾。私が乗ったのは『おさんぽバス』という地域コミュニティの循環バスであった。結果、新浦安駅に到着するまで、えらく遠回りすることとなった。

もっとも、この二重のミスは、取材者である私に「浦安の日常風景」を観察するという、思わぬ副産物をもたらすこととなった。まず気付いたのが、バスに乗車している客層が思いのほか若かったこと。わが家の近所（東京都小金井市）の循環バスの利用者は老人ばかりだが、浦安の場合は子連れの若い母親のほうが多い。たまたまだったのかもしれないが、「浦安市は日本の市町村の中で最も平均年齢が若い」という文献を思い出し、密かに納得した。

次に気付いたのが、車窓から見える街並みの変化だ。古くからある元町地区、第一期埋立事業（1964～75年）で京葉線沿いに誕生した中町地区、そして第二期埋立事業（75～81年）で海沿いに拡張された新町地区。古い住宅街から新しいマンション群に至る、実に明快なグラデーションが見て取れる。浦安という街の成り立ちは、すなわち「埋立の歴史」であった。

今ではなかなかイメージしづらいが、もともと浦安は800年の歴史を誇る漁師町であった。千葉県随一の海苔の生産地であり、イワシ、イカ、アサリ、ハマグリなどもよく漁れたという。映画『男はつらいよ　望郷篇』（1970年）では、木造の漁船が水辺に並ぶ、当時の浦安の風景を見ることができる。浦安駅周辺に、釣り道具屋や海鮮料理の店が多いのも漁師町時代の名残だ。

もっとも寅さん映画が撮影されていた頃、すでに浦安の漁業は風前の灯火であった（漁業権の完全放棄は71年）。58年、本州製紙江戸川工場から流れた黒い排水によって、下流域の浦安の漁業は壊滅的な打撃を受けたからだ。

「本州製紙事件」とも「黒い水事件」とも呼ばれるこの出来事は、水俣病の発生が確認された2年後にあたり、60年代に深刻化するわが国の公害問題の先駆けとなった。その後、本州製紙は地元漁民に補償金を支払ったものの、水揚げ量は激減。浦安町（当時。市政は81年から）は漁業を諦め、湾の埋立による地域再生に活路を見出す。海面埋立事業がスタートしたのは、東京五輪が開催された64年であった。

浦安が大きく変貌する契機は、この埋立事業だけではなかった。まず69年の東西線開通、そして83年の東京ディズニーランド開業。とりわけ後者については、漁業に代わる新しい街づくりの中心と考えられていたため、誘致失敗は許されなかった。当時の熊川好生町長（のちに初代市長）が渡米。ウォルト・ディズニー・プロダクションの首脳に直談判して、ディズニーランドの浦安誘致の確約を取り付けたという（当時、浦安以外にも長野県大鹿村、静岡県清水市＝現静岡市清水区が「候補地」とされていた）。

東西線の開通と東京ディズニーランドの開業、そして京葉線が全線開通したことで（90年）、浦安への人口流入は一気に加速する。浦安駅が開業する以前は2万人ほどだった人口は、91年

上：15年の地域決勝を突破してJFL昇格を果たしたブリオベッカ浦安。
下：監督の齋藤芳行（左）とTDの都並敏史（右）は40年来の盟友だ。

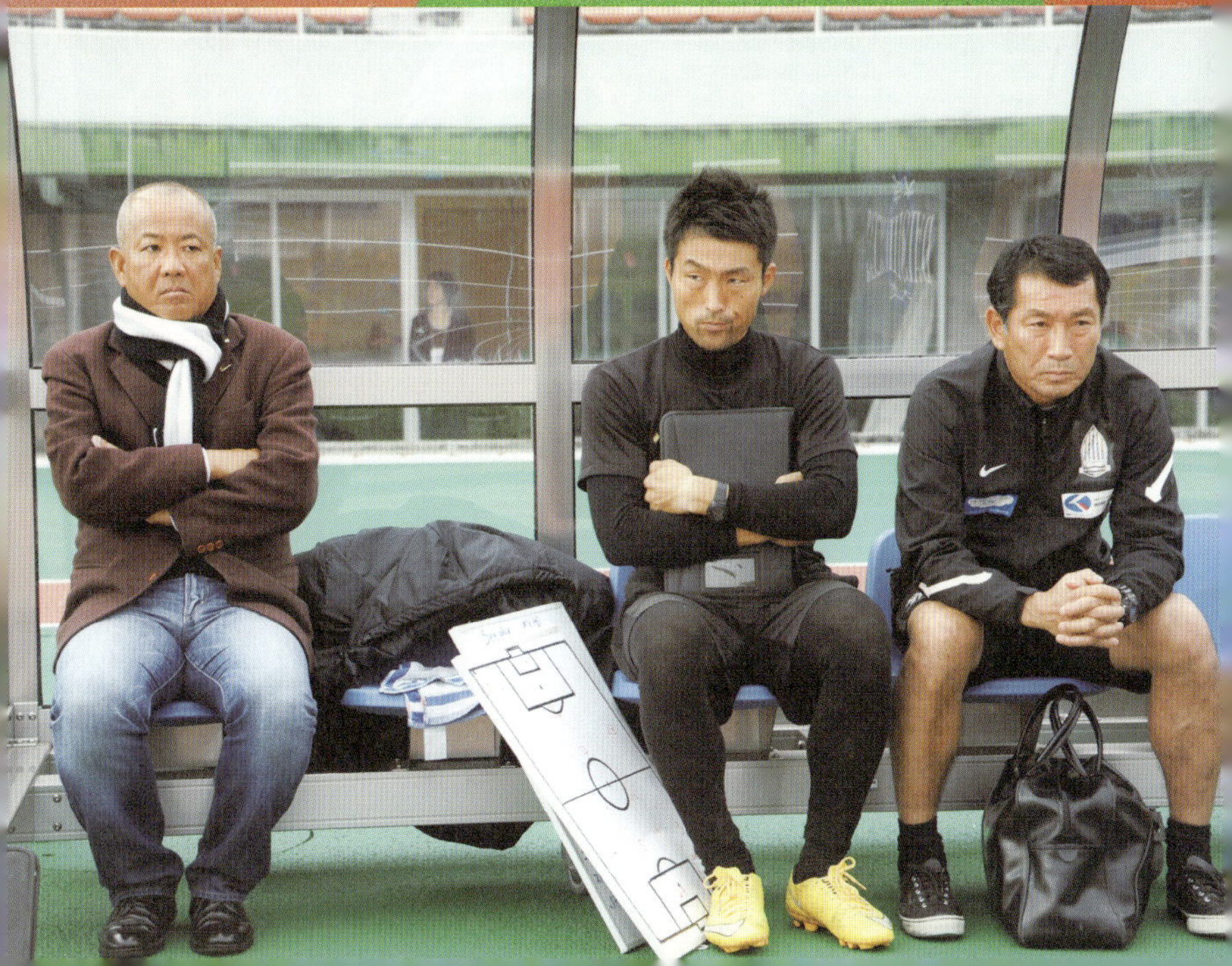

には11万４０００人、現在は16万４０００人が暮らす。そのほとんどが、市の外からやって来た人々だ。

子育て世代が多く暮らす浦安は、確かに一面、活気に溢れているように感じられる。しかし漁師町の風情を今も色濃く残している元町、そして地縁をほとんど持たない人々が流入した中町や新町とでは、気風も価値観もまったく異なる。実際、地元のお祭りでも両者が交わることはほとんどないそうだ。決して大きな自治体とは言い難い浦安だが、それでも市民が一体となることがほとんどないまま、今に至っている。

浦安の練習場である浦安市総合公園には、トレーニング開始から1時間後に到着。すでにアップやミニゲームなどの基本練習を終えて、２グループに分かれての実戦的な練習が始まっていた。総合公園は海沿いの新町地区にあり、グラウンドは人工芝。敷地内にはバーベキューができるキャンプ場もある。グラウンドの向かい側にそびえ立つ白亜の建物は、三井ガーデンホテルプラナ東京ベイ。近隣にもホテルが点在していて、東京ディズニーランドに向かう無料バスが出ている。

「●●！　いいね、その上がり！　おい▲▲！　その汚いスライディングはなんだ！　お前のスピードが足りないからだろ？　ちゃんと謝れ！」

乾いた空気を通して、監督の齋藤の声がびんびん響く。大声で指示するだけでなく、大ぶりのアクションを交えながら積極的に選手の輪に入り、スキンシップを交えながらコミュニケーションしている。その傍らでは、クラブ代表の谷口和司が腕組みをして選手たちの動きをじっと見つめていた。齋藤と谷口、そしてGM兼理事の増田康行。ブリオベッカの前身である浦安JSCは、この3人の情熱によって89年に創設され、それから27年を経てトップチームはアマチュア最高峰の舞台に到達した。

練習中の様子を撮影していると、何度となく選手から「こんにちは!」と声をかけられる。かつてヴェルディやベガルタ仙台などでプレーしていた元Jリーガーで、キャプテンを務める清水康也はクラブの方針をこう説明してくれた。

「ウチは挨拶もそうだけど、振る舞いや格好についても厳しく指導しています。茶髪やピアスをしている選手がいないのは、僕らが子供たちのお手本になる必要があるからです。僕自身、子供たちの指導をしていく中で、人間性、挨拶、身なり、そして相手を尊重することを学ばせていただきましたね」

浦安にはトップチームの他にも、小・中・高校生、さらには父母のチームなども含めて400人が活動する、まさに地域密着を絵に描いたようなクラブだ。ただし他の一般的なクラブと異なるのは、ジュニアチームから積み上がってトップチームが生まれているところにある。

クラブ設立の経緯について、会長の谷口はこう回想する。

「もともと地元にあった東洋水産という企業が、子会社が所有するグラウンドを使って『マルちゃんサッカースクール』というのをやっていたんです。ところが、東洋水産が移転してしまって、子供たちがサッカーをする場がなくなってしまったんですね。そこで、マルちゃんサッカースクールで教えていた齋藤さんや増田さんにコーチをお願いして、浦安ＪＳＣが立ち上がったのが89年でした」

興味深いのが、立ち上げ当初の浦安ＪＳＣが子供たちの父母による「任意団体」だったことだ。齋藤たちが月謝を取る形態にしてしまうと、営利目的と見なされてしまい、自治体がグラウンドを貸してくれなくなる。よって「保護者による任意団体」として活動し、指導者にギャラを支払うという形が採用された。役員は６年生の保護者が務めることになり、ちょうど６年生の息子をスクールに通わせていた谷口は、これを契機にクラブ運営に関わるようになる。

「２０００年にトップチームが立ち上がって、一貫指導のピラミッドが完成しました。そうなると、自分の子供のことだけでなく、トップチームのことも気になってきて、子供が中学に上がってからも役員を続けさせてもらったんです。で、今から10年前（06年）ですかね、トップチームが千葉県１部で活動していた頃に、他の役員の皆さんと一杯やりながら『せっかくやるなら、関東リーグのさらに上のＪＦＬを目指すべきじゃないか』って話になったんです。当時のＪＦＬって、Ｊ２のすぐ下でしたから、結構インパクトのある話でした。じゃあＪＦＬに上がったら、記者会見で真ん中に座るのはオレだ、いやオレだ、なんてね（笑）」

それから９年後の15年12月９日、ブリオベッカはＪＦＬ昇格の会見を行った。真ん中に座っていたのは、株式会社化したクラブの代表となっていた谷口。その胸中は、まさに万感の思いで満たされていたことだろう。余談ながら谷口は14年11月末、それまで務めていた外資系企業を55歳で退職し、残りの人生をクラブ運営に専念する決断を下していた。

晴れてＪＦＬ入りを果たしたブリオベッカ浦安。だが、最初のチャレンジとなった14年の地域決勝では、手痛い失敗を経験している。ＦＣ大阪に1対4で敗れたことが響き、グループ2位で1次ラウンド敗退。監督の齋藤に、この時の敗因を尋ねてみた。

「14年は関東リーグ（1部）1年目でしたが、12勝5分け1敗で優勝。地域決勝出場も決めたし、天皇杯では浦和レッズと対戦することもできました。ただ、シーズンの終盤からチームが下降線になった上に、主力に怪我人が出たことが大きかったですね」

地域決勝の難しさについては、よく「3試合連続の過酷なレギュレーション」ばかりが語られるが、それ以上に留意すべきなのがチームのピーキングである。いかに前評判が高いチームでも、地域決勝の直前でバイオリズムが下降すれば1次ラウンド敗退もあり得るし、逆に連戦を通してチーム状態が上向き、一気に優勝してしまうケースもある（15年の地域決勝で優勝したラインメール青森はこのケース）。では、次の年はどうだったのだろうか。

「2年目の15年は、キャプテンの清水康也、そして秋葉勇志といった主力を怪我で欠いた状態からスタートしました。この年も13勝3分け2敗で優勝しましたが、若手中心でも戦えたのは大きかったですね。主力の選手たちもリーグ戦後半から戻ってきて『今年は行ける！』という手応えをつかむことができました。誤算だったのが、10月の全社（全国社会人サッカー選手権大会）で1回戦負けしたこと。これでクビになるかもしれない。そう思いながらも、チームを浦安に帰して、僕と都並は（全社の開催地の）岩手に残りました。地域決勝で当たりそうなチームを、徹底的にスカウティングするためです」

結局、齋藤は解任されることなく、浦安のグラウンドで円陣を組み直して、地域決勝での戦いに備えた。大分・中津での1次ラウンドは、札幌蹴球団に6対0、新日鐵住金大分に2対0、そしてバンディオンセ加古川には2対1。3戦全勝で、高知・春野で行われる決勝ラウンドへのチケットを手にすることができた。初戦の相手は、北信越チャンピオンのサウルコス福井。齋藤が最も警戒していたチームだった。

「福井も全社で1回戦負けでしたが、いいサッカーをしていました。ロングスローも有効な武器だし、ターゲットマンの梅井（大輝）、隠れターゲットの6番（井筒庄吾）もケアしなければならない。もちろん、そのための対策はしっかり練ったし、1点ビハインドの状態から6分間で追いつく練習も繰り返しました。ところが試合が始まってみると、福井が攻めてこない。まるで剣豪同士が向き合ったような状態でした。向こうが攻めてこないから、ウチは前半の康也と竹中（公基）のゴールで勝負をつけることができました。結局、われわれが1次ラウンドで3勝したことで、福井は慎重になりすぎたんだと思います。いつもの彼らだったら、どう転んでいたかわからない」

齋藤の言葉どおり、ブリオベッカはサウルコスの慎重すぎる戦い方を逆手に取り、初戦を2対0で勝利。続くＦＣ刈谷戦も4対1とし、勝ち点を6に伸ばす。そして同日、サウルコスがラインメール青森に0対1で敗れたため、ブリオベッカは決勝ラウンド2日目にして、ＪＦＬ昇格の条件となる2位以内を確定させた。そして大会最終日には、浦安の選手とスタッフ全員が「僕たちは、みんながいたから頑張れた」という横断幕を掲げ、自分たちを支えてくれた浦安市民への謝意を示したのである。

それにしても、地域決勝のベンチに並ぶ齋藤と都並は、間違いなく名コンビであった。読売ユース時代から、かれこれ40年来の付き合い。都並がベガルタや横浜ＦＣで監督をしていた時、齋藤はコーチとして入閣していたが、今はＴＤとなった都並が監督の齋藤を支えている。都並いわく「齋藤は別格の指導者。選手を叱るタイミングなんかは勉強になる」。齋藤いわく「都並は自分の経験や技術を選手に伝えるのが上手い。僕がふんぞり返っていられるのは彼のお陰」。果たしてＪＦＬの舞台で、この名コンビがどう機能するのか、注目したいところだ。

ブリオベッカのＭＦ富塚隼は、浦安生まれの浦安育ち。小学1年の時に浦安ＪＳＣに入団すると、Ｊクラブの下部組織や高校サッカーに目移りすることなく浦安でプレーし続けて、とうとうＪＦＬにまで辿り着いた。

「僕、もともと中盤の右だったんですが、今年から左サイドバックにコンバートされることになったんです。今は都並さんにマンツーマンの指導を受けています。ＪＦＬでどれだけ通用するかわからないけど、楽しみっすね」

自宅から自転車で通えるような街クラブで成長し、クラブもまたトップチームが少しずつカテゴリーを上げることで、結果としてアマチュア最高峰の舞台でのプレーが実現する。実に夢のある話ではないか。

だが残念なことに、浦安市民は今季のＪＦＬの試合を地元で観戦することができない。なぜなら、昨年まで使用していた浦安陸上競技場が人工芝であるため、ＪＦＬのゲームを主催することができないからだ。今季のブリオベッカのホームゲームは、柏の葉公園総合競技場をメインで使用することが決まっている。浦安駅からは、東京メトロとつくばエキスプレスを乗り継いで、さらに徒歩で30分。同じ千葉県でも、たっぷり1時間半はかかる計算だ。

昨シーズンのホームゲームでの平均入場者数は、１０６０人。浦安での8試合に限定すれば、１２８５人である。関東1部であることを考えれば、これは驚くべき数字である。さらに注目すべきは、観客の居住地。昨年7月26日(対ｔｏｎａｎ前橋戦)でのクラブ側の調査によると「東野(中町)13％、高洲(新町)12％、富岡(中町)11％、富士見(元町)7％……」と、元町・中町・新町を問わず、広く観客を集めていたことが判明した。つまりブリオベッカ浦安は、それまでバラバラだった浦安市民を初めてひとつにする可能性を秘めているのである。

陸上競技場を芝生化して、せめてＪ３規格のスタジアムに改修することはできないのだろうか。念のため、浦安市役所で担当者に確認してみた。

「天然芝だと、養生期間が必要になります。われわれとしては、一般の人たちが通年で施設を使用することが目標ですから、これは市長が判断するしかない。それにあの陸上競技場も、震災の影響で建設が２年間ストップして、ようやく昨年から使えるようになったという経緯もあります」（浦安市生涯学習部市民スポーツ課課長、三枝明）

「震災の影響」という言葉に、ピンとこないかもしれない。11年３月11日の東日本大震災の際、浦安は津波の被害こそなかったものの、新町や中町を中心に深刻な液状化現象に見舞われた。中町にあった谷口の自宅も、液状化の影響を受けて傾き、家族は別のマンションへの移住を強いられた（自宅の傾きは修正され、現在はクラブ事務所となっている）。

浦安在住のあるサッカー仲間は「ブリオベッカがＪを目指すのは現実的ではない」と語る。理由を尋ねると「浦安の震災復興って、けっこう長引いているんです。そんな中、ブリオベッカが上を目指すと主張しても、決して支持は得られないと思うんですよね」。クラブ側も、そこは心得ている。「ＪＦＬで頑張る」とは謳っていても、現時点では「Ｊを目指す」とは言っていない。地域と共に歩んできたクラブゆえの配慮であろう。

それでも谷口は、クラブの代表として「われわれは世界を目指していますよ」と言い切る。「Ｊを目指す」のではなく「世界を目指す」とは、どういうことか。ヒントとなるのは、谷口が考える「浦安という土地が持っているポテンシャル」である。

「新町や中町には、優秀な人たちがたくさんいて、彼らは子供の教育にすごく熱心なんですね。子供の教育レベルが高いから、サッカーをやるにしても親の理解は十分にあるし、本人もインテリジェンスの高いプレーをする。浦安市の人口は16万人ちょっとですが、少年のサッカー登録数は1600人から1700人います。この子たちが将来、ブリオベッカを経て日本代表となり、インテリジェンス溢れるサッカーを世界に披露する。それこそが、『浦安から世界へ』なんですよ」

Ｊクラブにならずとも、アマチュアの街クラブが世界を目指すことは、決して不可能ではない――。都並敏史がブリオベッカ浦安に入れ込んでいた理由は、どうやらそのあたりにあったようだ。

第13章
誰が「坂本龍馬」だったのか？

高知ユナイテッドSC

――2016年・春

2016年5月12日、高知龍馬空港に到着。空港出口にでんと構える坂本竜馬像を見ると、「ああ、高知にやって来たんだな」と、あらためて実感する。愛媛の松山が「坊っちゃん」なら、高知は「龍馬」が鉄板。実際、高知には空港のみならず、至るところに「龍馬」の名を冠した施設を見かける。

実のところ龍馬は維新後、しばし忘れられた存在となっていた。明治期から昭和期にかけて、何度かのリバイバルがあったが、その決定打となったのが、1962年(昭和37年)に産経新聞で連載された、司馬遼太郎の歴史小説『竜馬がゆく』。タイトルが「龍馬」ではなく「竜馬」となっていることからも明らかなように、実際は史実をベースとしたフィクションであった。にもかかわらず、司馬史観に彩られたこの作品によって、日本人の「坂本龍馬像」は不動のものとなったのである。

これまで「龍馬」と「カツオ」で売ってきた高知県は、サッカーの世界においては「不毛の県」と称されることが多かった。高知のスポーツといえば、第一に野球、第二に相撲。サッカーの地位は、ソフトボールよりも低かったと聞く。高知出身のＪリーガーといえば、吉村圭司（元愛媛ＦＣ）、山口智（元京都サンガＦ．Ｃ．）といった名前が浮かぶが、いずれも中学卒業後に県外に出てプロになっている。彼らを育むだけの土壌が、高知にはなかったからだ。

そんな高知に、将来のＪリーグ入りを目指すクラブが立ち上がった。その名を『高知ユナイテッドＳＣ』という。高知を代表するふたつの社会人クラブチーム、高知Ｕトラスター FＣとアイゴッソ高知が今年1月に合併を発表。「本気でＪリーグ入りを目指す」クラブとして、県内では注目を集めている。

後述するように、合併前の2クラブは当初、それぞれが独自の考え方に基づいて上を目指そうとしていた。「高知の経済力や人口を考えるなら、クラブをひとつにするしかない」という意見はかねてよりあったものの、なかなか実現には至らない。ところが、そうした状況を一変させるニュースが隣県から飛び込んでくる。14年11月4日、同じ四国リーグを戦うＦＣ今治のオーナーに、元日本代表監督の岡田武史が就任したのだ。

デロイト トーマツ コンサルティングや三菱商事など、およそ地域リーグとは思えぬ大企業をスポンサーに持ち、ホームゲームではＥＸＩＬＥで有名なＬＤＨ所属のアーティストをゲストに招き、チームスタッフやフロントに多士済済を揃えるＦＣ今治。彼らの出現により、昨シーズン（15年）から四国リーグの風景はがらりと様変わりした。

この状況が1シーズン限りの「ハプニング」で終わればまだ良かったのだが、今治はＪＦＬ

昇格の条件となる、その年の地域決勝（全国地域リーグ決勝大会）に1次ラウンドで敗退。高知勢は翌16年シーズンも、規格外のライバルとの優勝争いを強いられることになった。

かくして、それまで漠然と「上を目指す」ことを考えていた高知の2クラブは、合併に向けた具体的な話し合いを開始。16年1月15日に高知ユナイテッドＳＣの創設を高らかに宣言する。

とはいえ今回の合併に関しては、傍から見ていていくつか不可解な点があった。

まず、これまでにも何度か浮上した合併話が、なかなか進まなかった原因は何だったのか。合併後のチームは、今治に対抗し得るポテンシャルがあるのか。そして、薩長同盟のような合併話を実現させるべく、「坂本龍馬」の役割を果たしたのは誰だったのか。

さまざまな疑問を抱きながら、当事者たちへの取材を始めることにした。

「あれは82年の夏でしたかね。スペインでのワールドカップ視察から戻ってきたら、昭和クラブと南国クラブが高知大のグラウンドで試合をしとったんです。で、昭和がひとり足りないから先生も出てくれてと言われて、急いで着替えて出場したんですね。その試合で僕は3点取ったんだけど、ワールドカップから帰ってきて、いきなり四国リーグでプレーするとは思わなかったですよ（苦笑）」

懐かしそうに往時を語るのは、高知大学サッカー部の総監督で、同大学の特任教授の野地照樹である。

筑波大学で体育科学系文部技官だった野地は、「日本サッカーの父」デットマール・クラマー招聘のきっかけを作ったことでも知られる恩師の成田十次郎から「私の郷里で人を探している。興味はあるかね」と声をかけられ、高知大の教育学部に助手として赴任。併せてサッカー部の監督に就任する。アルゼンチンでワールドカップが開催された78年のことだ。以来「サッカーのサの字もなかった」（本人談）土地で、38年間にわたりサッカーの指導を続けることになる。ちなみに四国リーグが8チームで発足するのは、その前年の77年のことだ。

当時の資料を見ると、野地が言及していた昭和クラブ（第1回四国リーグで優勝）をはじめ、のちにＪＳＬ（日本サッカーリーグ）2部にまで上り詰める帝人松山、徳島ヴォルティスの前身である大塚製薬、カマタマーレ讃岐の前身である高商ＯＢクラブなども参戦している。ちなみに、のちにアイゴッソ高知となる南国クラブも、四国リーグのオリジナルメンバー。38年後の喧騒など想像できるはずもなく、当時の選手たちは土のグラウンドで牧歌のサッカーを楽しんでいた。

それから話は、一気に21世紀に飛ぶ。２００１年、高知でのＪリーグ開幕を夢見るひとりの男がいた。四国の照明メーカー『宮地電機』の三代目社長で、現高知ユナイテッドＳＣ取締役の宮地貴嗣である。宮地は当時、高知の春野でキャンプを張っていたコンサドーレ札幌に狙いを定め、橋本大二郎県知事（当時）を介して「雪の心配のない高知で、ぜひホーム開幕戦を」とアピール。コンサドーレの後援会を高知に作るほどの熱の入れように、クラブ側もいたく感動したという。その年の3月17日、春野総合公園陸上競技場で、柏レイソルとの開幕戦が開催された。この時、コンサドーレを指揮していたのが、のちにFC今治のオーナーとして高知サッカー界の前に立ちはだかることになる岡田武史であったのは、何という歴史の皮肉であろうか。

01年当時、四国にはまだJクラブがひとつもない時代だった(ヴォルティスがJ2に昇格するのは05年、愛媛FCが06年、カマタマーレが14年)。しかしこの年、高知サッカー界にちょっとした騒動が起こる。大阪の鶴見緑地球技場で行われた地域決勝・決勝ラウンドに、四国リーグ王者の南国高知FCが出場。わずか1ゴール差でJFL昇格を逃すというセンセーションを巻き起こしたのだ。この事態に高知県サッカー協会は大いに慌て、地元経済界の若手代表として宮地も会議に招集される。以下、当人の回想。

「南国高知は02年の高知国体を目指して、南国クラブをベースに強化したチームだったんです。それが急にJFLに昇格できる可能性が出てきたので『さあ、どうする』と。結局、あと一歩で昇格はなりませんでしたが、これをきっかけに特定非営利活動法人格を取得することになりました(04年)。その後、私は事務局長として関わることになるんですが、応援する組織がなかなかできず、やがてチームも目標を見失うようになって、そうした状態がずるずる続いていったというのが、実際のところでしたね」

南国高知が次第に低迷期に入る中、県内で新たな勢力として頭角を現し始めたのがトラス

上：FC今治戦前日、室内野球練習場で調整する高知ユナイテッドSC。
下：監督の西村昭宏。合併交渉が長引いたため編成に苦労したと語る。

ターである。前身は98年に設立された『トランジェスター』というアマチュアクラブで、高知県3部を振り出しに、何度かクラブ名を変更しながら09年に四国リーグに昇格（当時の名称は『なんこくトラスターFC』）。いったんは県1部に降格となるが、12年に再び四国リーグに復帰すると、翌13年、高知大サッカー部と提携して『高知UトラスターFC』となる。この年、トラスターはFC今治、南国高知に次いで3位に躍進。14年には初優勝を果たす。四国リーグ3強時代の到来である（なお南国高知は14年に『アイゴッソ高知』に名称変更）。

トラスターの強化に積極的に関与していたのが、高知大の野地であった。高知大サッカー部は03年から15年まで、高知県サッカー選手権大会（兼天皇杯高知県予選）で13年連続20回の優勝を誇っており、県内では無敵の存在。野球部兼用の土のグラウンドながら、高知大を全国区の存在に押し上げた野地は、県内のサッカー界では文字通りの重鎮であった。トラスターへの関与について、重鎮はこう語る。

「（提携前年の）12年から、ウチの学生を試験的にトラスターに入れて、13年から本格的に学生やOBがプレーするようになりました。実は12年まで、名前貸しみたいな感じで南国高知の総監督というポストに就いていたんですが、同じリーグで両方に関わっているのではまずいということになりましてね」

以降、野地はトラスターの総監督としてクラブに関わるようになり、彼の教え子たちもアイゴッソではなくトラスターに入団するようになる。一方のアイゴッソも、かつては高知大のグラウンドを練習で使わせてもらったり、高知大と定期的に練習試合を行ったりしていたのに、いつしか野地との関係は疎遠なものとなってしまっていた。ある関係者は、こう証言する。

「トラスターも上を目指していましたが、アイゴッソのように『できるだけ早くJリーグ』ではなく、まずはＪＦＬに昇格して、そこから5年くらい時間をかけてJリーグでも通用するような体制作りと育成に力を入れる、という考え方でした。野地先生がよくおっしゃっていたのが『身の丈経営』。教え子の進路についても、ＪクラブよりもＪＦＬの企業チームを勧めていたと聞いています。結局のところ、野地さんと宮地さんとでは、そこの考え方が根本から違っていたんでしょうね」

互いに「上を目指す」としながらも、相容れない両者。その間に入ったのが、16年4月に宮地に代って高知ユナイテッドＳＣ代表となった、武政重和である。

宮地の母校（土佐高校）の後輩である武政の半生は、実に波乱万丈だ。高知ファイティングドッグス（四国アイランドリーグｐｌｕｓ）の経営者公募に応募して、07年に球団社長に就任。4年で経営の黒字化に成功すると、今度は高知県議会議員に立候補する。こちらは準備期間が短かったこともあり、次点で落選となったが、選挙後に最初に電話をくれたのが宮地だった。

「ウチのクラブ経営に加わってほしいと。合併話のことは耳にしていたので、そのためのオファーだなと直感しました。私自身、高知にふたつのクラブが共存するのは無理だと思っていましたし、サッカーも含めたスポーツ振興や観光振興の必要性もずっと感じていました。これだけ県内の人口が減っていく一方で、プロ野球のキャンプも宮崎や沖縄に持って行かれてしまっている。ファイティングドッグスやアイゴッソが、県のブランド価値を高める存在にならなければいけないし、その責任があるとも思っていました」

15年8月からクラブの統括部長となった武政は、すぐに合併に向けた働きがけを開始する。アイゴッソ側の宮地と武政、そしてトラスター側の野地と代表の山中久長、4者による会談は夏から秋、さらには年末にまで及んだ。それでも何とか合意に至ったのは、「何もしがらみもない」武政の存在が大きかったと、多くの関係者が認める。してみると武政こそが、今回の合併劇の「坂本龍馬」であったと言えるだろう。

なお、この合併に関連して、トラスターの後継クラブ『ＫＵＦＣ南国』が新たに創設されている。こちらは高知大ＯＢを中心に、あくまでアマチュアを貫く選手の受け皿となり、両者は同じ四国リーグながらそれぞれ別の道を歩むこととなった。

案内された部屋は、単身赴任者の住まいとしては思いのほか広々としていた。白い壁に飾られていたのは、四国の地図、額装された背番号8の全日本のユニフォーム、そして「メキシコの空」が一瞬見えた、木村和司のＦＫを捉えたモノクロームの写真。１９８５年10月26日、旧国立競技場で行われた韓国とのワールドカップ最終予選に、この部屋の主は出場していた。

「和司が蹴る瞬間、懸命にゴールに向かっているのが僕です。ほら、ここ。当時の僕は愚直なボランチでしたからね（笑）」

西村昭宏、57歳。現役時代はヤンマーディーゼルサッカー部と全日本で活躍し、指導者に転じてからは、U－20日本代表、セレッソ大阪、京都パープルサンガ（当時）の監督を歴任している。高知に来る前は、JFAの育成担当技術委員長を務めていた。それほどのキャリアを持つ男が、なぜ光の当たらぬ四国リーグで指導を続けているのか。

実は西村にとって高知は、何かと縁のある土地であった。

「現役時代、高知で右の膝裏を手術しました。担当していただいた森本哲郎先生は、日本代表のドクターで、こっちで開業されていたんですね。指導者になってからも、セレッソ時代に春野でキャンプをしましたし、JFAのトレセンでも四国の担当でしたので、高知にはよく来ていたんですよ」

もっとも、決していい思い出ばかりではない。セレッソの監督時代、シーズンの中断期間の合宿で春野を訪れてみると、芝生が枯れて土がむき出しになっている状態に愕然とした。春野での合宿を予定していた、もうひとつのJクラブは別のキャンプ地を見つけてキャンセルしたが、西村はあえて高知に留まる選択をしている。

「本当の理由は、他に選択肢がなかったからなんですが（苦笑）、ここで怒ってキャンセルするよりも『今後、こうならないためにどうすればいいか、一緒に考えましょう』というスタンスにしたほうが、長い目で見ればお互いのためになると考えたんです」

このエピソードを宮地もよく覚えていた。のちにアイゴッソが初のプロ監督を招聘する際、高知大出身でセレッソの普及育成部長だった宮本功から西村を推薦されると、「この人しかいない」と宮地は直感する。一方の西村も「指導者として一通りのことは経験した。何かおもろいチャレンジがしたい」との想いがあり、両者の思惑は一致。かくして13年12月27日、西村のアイゴッソ高知監督就任が発表された。

だが実際に高知に腰を据えてみると、越え難いハードルがいくつもあることを西村はすぐに気付かされた。その最たるものが、練習場の確保の難しさ。私が取材に訪れた日は、FC今治戦の前日だったにもかかわらず、春野の室内野球練習場を使用していた。グラウンドは土、ゴールもない場所でコーナーキックの練習をしている光景に、何とも切ない気分になった。

「芝のグラウンドで練習できるのは、週に2回くらいですかね。3回は難しい。そもそも『芝』といっても、野球場の外野芝を含めての話ですから（苦笑）。高知県は平地が少ないこともあって、サッカーができる環境が限られているのが現状です。それでも、本気でJFLやJリーグを目指すのであれば、クラブハウスは難しいとしても、せめて芝生とゴールがある練習場は確保してほしいところですね」

もうひとつ西村を悩ませていたのが、高知に上を目指すクラブがふたつあったこと。これについては合併という形で決着したわけだが、合併後のチームを率いるにあたっても、いろいろと苦労は絶えなかったようだ。

「正直、3年間で2回も新監督になれるとは思っていなかった（笑）。アイゴッソとトラスターが一緒になったことについては、本当に良かったと思っていますよ。県民もまとまって応援できるようになりますからね。ただ、合併が決まったのが年末で、それまで編成を待たなければならなかったのは残念でした。来てくれるはずの選手が来られなくなって、きちんと補強できなかったポジションがありましたから」

おどけた口調ながらも、時おり苦悩をにじませる西村の表情を見ていて、合併したクラブを率いる難しさがひしひしと伝わってくる。高知ユナイテッドとなって、初めて臨む明日の今治戦。果たして、どんな結果が待ち受けているのだろうか。

今季の四国リーグ、最初の天王山は5月15日13時、今治のホーム『桜井海浜ふれあい広場サッカー場』でキックオフを迎える。高知から今治への移動は、サポーターの応援バスに便乗させていただくことにした。バスの中では古参サポーター主導で、注目選手のレクチャーやチャントの練習があり、退屈することはなかった。

もっともファンやサポーターにとって、今季の四国リーグは決して楽観できる状況ではなかった。今季第2節、ユナイテッドは多度津FCとのホームゲームに痛恨のドロー（1対1）。2強時代となった今季は、これまで以上に取りこぼしが許されない。首位・今治との直接対決を落とすと、勝ち点差は5に広がり、5月の時点で自力優勝の可能性がなくなる。試合数が少

KOCHI UNITED
SPORTS CLUB
UNITED SC
adidas
BEMA

KOCHI UNITED
SPORTS CLUB

ない地域リーグは、上を目指すクラブにとり、地域決勝とは違った意味でのプレッシャーがかかるのである。

試合は序盤から動いた。5分、ユナイテッドはセットプレーのチャンスから、相手守備陣が弾いたルーズボールを塚本諒がミドルレンジから蹴り込んで先制する。初シュートが先制ゴールとなり、がぜん勢いを増すユナイテッド。しかし彼らがリードを保てたのは、わずか16分間であった。

21分、今治は右サイドからのクロスに、逆サイドに走りこんだ選手がニアサイドを抜くシュートを決めて同点に追いつく。前半の半ばからパスが回り始めた今治は、エンドが替わった後半もポゼッションでの優位性を保ち、58分には逆転に成功。そのままタイムアップとなり、1対2で敗れたユナイテッドは3位に順位を落とすこととなった。

ライバルとの勝ち点差が5に拡がったことについて、FC今治を指揮する吉武博文は「ゆくゆくは地域決勝があるわけですから、勝ち点差なんてまったく関係ないですね」と表情を崩すことなくコメント。一方の西村は、「われわれには勝利しかなかったので……」と語って、言葉を探すようにこう続ける。「これからの1試合、1試合を負けないこと。そしてホームでの(今治との)直接対決に勝利すること。その上で10月に向けてチームをいい状態に持っていくことですよね」。

西村がいう「10月」とは、地域決勝の出場権が得られる全社(全国社会人サッカー選手権大会)

のことである。この言葉からも、自力でのリーグ優勝が非常に厳しくなったことがうかがえよう。ちなみに西村と吉武はJFAで共に働き、11年（メキシコ）と13年（UAE）に開催されたU－17ワールドカップでは、団長と監督という間柄。それぞれの大会で、ベスト8とベスト16という好成績を残している。そんな両者が、J1から数えて5つ目のカテゴリーでしのぎを削っているところに、現在の四国リーグの特異性が見て取れよう。

かくして、今季最初の天王山をもって、四国リーグの趨勢はほぼ決まった。ユナイテッドにとっては合併の成果が試される試合であったが、昨シーズンの2位（トラスター）と3位（アイゴッソ）が一緒になれば優勝できるほど、サッカーという競技は単純ではない。加えて、今治にしてみれば「ライバルが絞られたほうが戦いやすい」というのが本音ではなかったか。

そんな高知ユナイテッドに、今治と比べて強みがあるとすれば、今後もじっくりとクラブの土台作りができることだろう。

多くの大企業をスポンサーに持つ今治にとり、昇格へのプレッシャーは尋常ではない。オーナーの岡田も「来年（17年）にはJFLに上がらないと、経営規模を縮小せざるを得ない」と語っている。高知の場合、そうしたプレッシャーとは無縁だ。もちろん「できるだけ早くJリーグへ」という当事者たちの思惑は、あるにはある。しかし性急に上を目指すことよりも、まずは「わが街にクラブがあること」をより多くの市民・県民にアピールし、さらには県内のサッカー環境の整備にもじっくりと腰を据えて取り組むべきだろう。

最後に、坂本龍馬の言葉を引用する。
「今は力を培養するときだ。その時機を辛抱できぬのは男ではない」

【付記】高知ユナイテッドＳＣは16年の地域決勝（この年から『全国地域サッカーチャンピオンズリーグ』に改称）の出場権を獲得するべく、同年の全社に出場したが１回戦で敗退している。

第14章 激突！南部対津軽

ヴァンラーレ八戸&ラインメール青森

――2016年・夏

ささやかなブーイングが聞こえたのは、ハーフタイムの時であった。

7月2日、弘前市運動公園陸上競技場で行われたJFLセカンドステージ第3節。カードは、ラインメール青森とヴァンラーレ八戸による、いわゆる「青森ダービー」である。試合は、25分の中村太一の先制点により、ホームのラインメールが1点リードしたところで前半の45分を終えていた。「ダービー」とは銘打たれているものの、控えめな県民性も手伝ってか、殺伐とした雰囲気は微塵も感じられない。

そして迎えたハーフタイム。ミュージシャンの坂本サトルが登場し、自ら作詞・作曲したラインメールのオフィシャル応援ソングを披露すると、ヴァンラーレのサポーターの一部からブーイングが発せられた。その理由を、あるサポーターはこう説明する。

「坂本さんって、実家が南部町で八戸高校出身という生粋の南部人なんですよね。それなのに津軽のクラブの応援ソングを作るんだから、そりゃあブーイングしたくなりますよ(笑)」

ラインメールは津軽のクラブ、そしてヴァンラーレは南部のクラブ。両地域は同じ青森県にありながら、江戸時代には弘前藩と南部藩に分かれており、気候も文化も言葉もまったく異なる。そして両者の対立項は、松本山雅FCとAC長野パルセイロによる「信州ダービー」を想起させるくらいに根深い。

まず言葉。南部の人にとっての津軽弁、あるいは津軽の人にとっての南部弁は、いずれも理解不能。また、南部は冬でもほとんど雪が積もらないが、津軽は1メートルを超える積雪が当たり前。そうした気候の違いは、両者のライフスタイルやメンタリティにも少なからぬ影響を与えている。

実はダービーの前日、青森市内にあるスタジオにて、坂本本人に話を聞かせてもらう機会があった。ちょうどレコーディングが佳境に入っていたにもかかわらず、「あんまりサッカーのこと詳しくないんですけど、僕でいいんですか？」と、快く私の取材に応じてくれた。まずは今回の依頼を引き受けたことでの、地元の反応について尋ねてみる。

「友だちからは『なんで受けたの？』って言われました。それも冗談とかではなく、8割くらいはマジで（笑）。明日のハーフタイムで歌うことになっているんですけど、やっぱり八戸の人たちはブーイングしますかねえ」

ではなぜ、あえて津軽のクラブのオフィシャル応援ソングの依頼を引き受けることになったのか？　坂本の答えは、いかにもプロのアーティストらしい、明快なものだった。

「単に仕事の依頼があったからです。僕だってヴァンラーレからオファーがあれば、喜んで曲を作らせていただきましたよ。でも、先にお話をいただいたのがラインメールだった。それをプロとして受けるのは当然でしょ？」

ちなみに坂本は現在、青森放送のアナウンサーをしている妻と青森市内で暮らしている。最近まで川崎市にスタジオを構えていたが、自身も青森でラジオのレギュラー番組を持っているため、生活と音楽活動の拠点を移した。県内のマスメディアは青森市内に集中しているため、故郷の南部に戻ることは考えなかったという。八戸から青森までは、新幹線と在来線を乗り継いで1時間弱。実はけっこう距離がある。

別れ際、「明日はどっちを応援しますか？」と意地悪な質問を向けると、「難しいですね。本当はヴァンラーレを応援したいんだけど、クラブ関係者の知り合いはラインメールのほうが多いから、情が移ってしまって（苦笑）」。

試合は1対0でホームのラインメールが勝利。南部で生まれ育ち、今は津軽で暮らす坂本は、どんな心持ちでスタジアムを後にしたのだろうか。

本州最北端に位置する、青森県。日本のサッカーファンにとって、青森から連想できるものは、それほど多くはないのが実情であろう。

確かに同県からは、何人かの優れた選手や指導者が生まれている。リオデジャネイロ五輪に出場したU－23日本代表監督の手倉森誠は五戸町出身で、GKの櫛引政敏は青森市出身。ほかにも柴崎岳（野辺地町）、下平隆宏（五戸町）といった名前が思い浮かぶ。高校サッカーでは、県内で無敵の強さを誇り、幾多のＪリーガーを輩出してきた青森山田が有名。しかし社会人となると、ヴァンラーレ八戸が14年にＪＦＬに昇格するまで、全国リーグを戦うクラブは存在しなかった。

ところが昨年（15年）、東北リーグ１部で活動していたラインメール青森が、全社枠（全国社会人サッカー選手権大会４位）を勝ち取って初めて地域決勝（全国地域リーグ決勝大会）に出場。大会前はノーマークだった彼らは、あれよあれよと勝利を重ね、見事に優勝を果たしてＪＦＬ昇格を決めてしまった。

かくして、青森県のサッカー地政学は激変する。

つい３年前までは東北６県で唯一、全国を戦うクラブがなかった青森は、今年から全国リーグで同県ダービーが行われる東北唯一の県となったのである。ならば、南部と津軽によるダービーは、松本と長野の「信州ダービー」のような日本のリアルダービーとなり得るのか？ 今回の青森取材の出発点は、まさにそこにあった。

まずは、県内のサッカーの歴史を簡単に振り返ってみることにしたい。語り部は、青森市サッカー協会副会長の竹中晋也、61歳である。

「青森県のサッカーのルーツは、旧制弘前高等学校であると言われています。そして戦後、県のサッカーの中心地となったのは五戸町でした。手倉森兄弟（誠・浩）や下平は五戸高の出身。

卒業生の受け皿となった、五戸町役場サッカー部も強かったですね」

その後も青森山田が覇権を握るまでの間、南部の五戸は県内のサッカーの中心であり続ける。97年に青森県から初めて将来のJリーグ入りを目指すクラブが誕生したときも、その本拠地は津軽ではなく南部に置かれた。

「県の体育協会を中心に、アステール青森というチームができたんです。ただし、体協は（青森）市内にあったんですが、本拠地は五戸町（ひばり野公園陸上競技場）。当然、津軽の人間にしてみれば、面白くない話ですよ（笑）。結局、財政的に立ちゆかなくなり、体協内での政治的な対立もあって、アステールは06年に解散することになりました」

このアステール青森とは別に、県内ではもうひとつ興味深い動きがあった。竹中によると00年頃、当時経営危機のただ中にあったヴァンフォーレ甲府から「青森移転」の打診があったという。「あの時、県にやる気とお金があったら、もしかしたら実現していたかもしれませんね」と竹中。とはいえ、仮に『ヴァンフォーレ青森』が実現したとして、クラブがきちんと青森の地に根を下ろし、健全な経営がなされていたかと問われれば、かなり難しかったと言わざるを得ないだろう。

かくして「青森にJリーグを目指すクラブを」という思惑は、いったん頓挫することになる。しかしアステールが解散した06年、県内には新たな勢力の胎動がすでに始まっていた。ヴァンラーレ八戸が東北リーグ2部北で、そしてラインメール青森が県1部で、それぞれ活動していたのである。

95年設立のラインメール青森は、当初は県リーグ所属の同好会的なクラブであった。転機が訪れたのは99年。地元の優良企業、東和電材株式会社の代表取締役である榊美樹が実質的なオーナーとなり、クラブの積極的な強化に乗り出す。現在もクラブの代表を務める榊は、当時をこう振り返る。

「私自身、学生時代からサッカーをやっていました。で、就職して最初の赴任地が静岡だったので、現地の社会人リーグでプレーしていたんです。そこで痛感したのが、青森とのレベルの差でした。こちらに戻ってからは、スポンサーとして青森のサッカーのレベルアップのお手伝いをさせていただきましたが、やはり地元のクラブを強化してJリーグを目指したい。すると県協会のほうからラインメールを紹介されて、『やりたいようにやってください』とオーナーを任されました」

この時、榊には強い味方がいた。青森山田高校サッカー部の監督、黒田剛である。黒田は94年に同校のコーチとして赴任。2年後、25歳の若さで監督に昇格すると、19年連続で全国高校サッカー選手権に出場させている。柴崎や櫛引など、多くの教え子をJクラブに送り出したことで知られる黒田だが、一方でラインメールの強化にも深く関与していた。現所属の三田尚希や盛礼良レオナルドも、青森山田のOBだ。

ATHLETA
スカロー
Scallow
3
5
6
デーリー東北

ーク
ATHLETA
JFL
八戸市
10
ATHLE
4

14年、ラインメールは悲願だった東北リーグ1部昇格を果たす。しかしシーズン開幕直前、当時の監督が前年に発覚した不祥事で有罪判決を受けたため、クラブは新監督を急いで探す必要に迫られたのである。この危機を救ったのも、黒田の持つ幅広いサッカー人脈であった。再び、榊の回想。

「黒田監督の高校（登別大谷）の後輩で、佐川印刷SCでコーチをやっていた葛野（昌宏）を紹介してもらいました。北海道出身なので、こっちの寒さは問題ない。会ってみると、サッカーへの考え方が真摯で、選手には社会人としての自覚を求めるタイプ。ウチにピッタリだと思いましたね」

この葛野が、就任2年目にしてラインメールをJFL昇格に導くことになるのだが、初めて訪れた青森は一筋縄ではいかない土地であった。ねぶたの武者絵のような眉を八の字にしながら、葛野は監督就任当初の戸惑いを率直に打ち明けてくれた。

「まず驚いたのが、練習場所がないことでした。人工芝のグラウンドは（市内には）青森山田にしかなくて、あとは土のグラウンド。そのグラウンドも、6月から10月いっぱいまでしか使えない。ですから、ゴールデンウィークでも体育館で練習していましたね。練習試合をするために、片道5時間かけて仙台大学にも行っていました」

話を聞けば聞くほど、そんな環境でよくぞ地域決勝を突破できたものだと感心する。しかし葛野には、ある程度の勝算があったという。

「自分では、3年後にはJFLを戦えるチーム作りを考えていました。練習環境は厳しかったですけど、1年目で全社にも出場できたし、天皇杯予選でもヴァンラーレといい試合ができました。去年の地域決勝は『いい経験になればいいかな』くらいに思っていたんですけれど、一方で『絶対に落としてはいけない』感覚というのは、通常の練習の中で選手に植え付けてきました。(地域決勝で)優勝できたのは、その成果だったと思っています」

ちなみに葛野は現役時代、北信越リーグ所属だったアルビレックス新潟で2回、地域決勝を戦った経験がある(97年と98年)。チームを率いていたフランツ・ファン・バルコムの指導を思い出し、実践したのが「きっちり確実に、基本を忠実に、そしてシンプルに」――。この方針は地域決勝突破の原動力となり、JFLの戦いでも確実に受け継がれている。

「まさか今季、ラインメールに2敗するとは思わなかったですね。ダービーの日の夜は、悔しくて眠れなかったです。僕の記憶では、東北リーグ時代は一度だって負けたことがなかった。ですから危機感は半端ないですね」

助手席から八戸市街地の風景を眺めていると、隣でハンドルを握る男が、呻くように語り始める。『ティガーマスク』と呼ばれる彼は、ヴァンラーレの試合中はトラのマスクを被ってチームを鼓舞し、遠く鹿児島のアウェーにも車で駆けつけるJFLの名物サポーターだ。色もの扱いされがちだが、実は五戸高サッカー部出身で、プロを意識したこともあったという。

「今の体型からは想像できないでしょうけど、いちおう国体にも出たし、ジェフ市原（当時）の練習生だったこともあるんですよ。そうそう、高校時代には、帰省していた（手倉森）誠さんと浩さんが練習を見に来てくれましたね。ダジャレですか？　とんでもない！　トシも離れていたし、今以上に上下関係が厳しかったから、おっかない先輩でしたね（笑）」

卒業後、地元で就職すると、故郷の南郷村（05年に八戸市に編入）にあるクラブ『南郷ＳＣ』でプレー。このクラブこそ、ヴァンラーレ八戸の前身である。「さすがに県1部では走れなくなったので」引退したが、東北2部北に所属していた10年からはサポーターとしてヴァンラーレに関わるようになった。今ではゴール裏の最古参のひとりだ。

この日、ティガーマスクは私のリクエストに応じて、現在建設中の八戸市多賀地区多目的運動場（仮称）、そして現在ホームグラウンドとして使用している八戸市東運動公園陸上競技場を案内してくれた。

このうち多賀地区の新スタジアムは「Ｊ３要件を満たす初の新設スタジアム」であり、かつまた津波による被災者の避難所としての機能を併せ持つことでも注目されている（先の震災では八戸でも津波による浸水被害があり、死者1名を出している）。収容人数は５２００人で、16年10月2日に行われるＭＩＯびわこ滋賀戦がこけら落としとなる予定だ。

「確かに、新スタジアムは楽しみです。球技専用ですし、大型ビジョンもありますし。ただ、どれだけ素晴らしいスタジアムができても、自分にとっての『聖地』は南郷ＳＣ時代に使って

上：南部人ながらラインメール青森
の応援ソングを作った坂本サトル。
下：郷土愛あふれるヴァンラーレ八
戸のサポーター、ティガーマスク。

いた南郷陸上競技場ですね。あそこがヴァンラーレの原点ですから」

クラブの原点である旧南郷村は、ティガーマスクのみならず、クラブ代表の細越健太郎と事業本部長の下平《しもたい》賢吾の出身地でもある。「地元に総合型スポーツクラブを作りたい」という、70年代生まれの若者たちの途方も無い夢が、物語の始まりであった。そして06年、東北リーグ2部に昇格した八戸工業ＦＣと県1部の南郷ＳＣが合併して、ヴァンラーレ八戸となった。「Ｊリーグを目指す」と宣言したのは08年のシーズン終了後のこと。最初は雲をつかむような話であったが、10年に初のプロ監督として山田松市を招聘したことが転機となる。

湘南ベルマーレでの監督経験を持つ山田のアドバイスにより、ヴァンラーレはクラブとしての体制を急速に整えていった。そして東北リーグ1部に昇格した13年には、翌14年の開幕が発表されたＪ3リーグに向けて加盟申請。スタジアム要件をクリアできず、結果としてＪ3参入はならなかったものの、青森県勢初のＪＦＬクラブとなることが認められた。

そしてＪＦＬ2年目の15年、元愛媛ＦＣ監督の望月一仁を指揮官に迎えたヴァンラーレは、ファーストステージ優勝を達成。ソニー仙台とのＪＦＬチャンピオンシップにはＰＫ戦の末に敗れたが、大いに自信を深めることとなった。今季は元日本代表の市川大祐も加入し、何やらＪＦＬの強豪クラブとしての風格も漂う。しかし、それでもクラブのルーツを忘れるべきではないと、ティガーマスクは実感をこめて語る。

「ヴァンラーレって、イタリア語で『南の郷』という意味で、僕らの故郷の旧南郷村を表しているんですね。いずれ僕らの世代が死んでも、ヴァンラーレが続いていくことで、ずっとずっと南郷の名前も残ってほしい。もともと町おこしから始まったクラブですから、八戸の多くの人たちから愛される存在になってもらいたい。その夢が実現したら、僕はいつでもティガーマスクを引退しますよ（笑）」

あらためて、青森県の地域性について考察してみたい。明治の廃藩置県まで、全く「別の国」だった津軽と南部。明治4年（1871年）の段階では、旧藩を引き継いだ弘前県、黒石県、斗南県、七戸県、八戸県に分かれていた。しかし、わずか2カ月でこれらの県は合併され、県庁も弘前から青森に移転されたことで、現在の青森県に改称されている。

実のところパルセイロと山雅による「信州ダービー」も、その対立の構図は廃藩置県の時代にまで遡る。もともと松本は筑摩県の県庁所在地だったのだが、明治9年（1876年）の第二次府県統合により長野県に吸収され、県庁は長野市に置かれることとなった。府県統合と県庁の移動は、県内における対立の構図を作り出し、やがてはサッカーの世界にも反映される。ダービーの対立項が、宗教や民族や社会階層ではなく廃藩置県というのは、極めて日本固有の現象と言えよう。

ちなみに弘前には、東北リーグ1部所属のブランデュー弘前というクラブがあるのだが、ラインメールに擦り寄ること無く、独自に将来のJリーグ入りを目指している。

ちょうど弘前でダービーがあった日に、クラブを運営する弘前Ｊスポーツクラブ理事長の黒部能史に話を聞くことができた。弘前市で初めて開催されるＪＦＬの試合が、自分たちでなくラインメールのホームゲームとなったことについて、黒部は苦々しさを隠そうとしない。

「当然でしょう。去年までは東北リーグでダービー関係でしたから（笑）。同じ津軽でも、弘前と青森はやっぱり違いがあります。こっちは雪の量は青森ほどではないし、城下町のプライドがありますから。過去に（ラインメールとの）合併話もなかったわけではない。それでも、昔から応援してくださるスポンサーさんやサポーターもいらっしゃいますから、今後もウチはウチで上を目指していくつもりですよ」

津軽の中にも対立構造があるから、青森という土地は実にややこしい。

ここで、本稿のテーマに立ち戻ることにしたい。ＪＦＬにおける青森県のダービーは今後、パルセイロと山雅のような日本のリアルダービーとなり得るのだろうか。08年から取材者としてヴァンラーレに関わり、気がついたらスタジアムＤＪになっていたという小泉亮は「ダービーが盛り上がる余地はまだまだある」と見ている。

「僕自身は青森市出身で、今はこっちのＦＭ局（ＢｅＦＭ）で働いていますけど、やっぱり地域間の対抗意識がありますし、メディアも注目しやすいと思います。朝市でビラを配っていると、カッチャ（行商のお母さん）から『ダービーはいつ？』と聞かれますし（笑）。今後は津軽でも、ヴァンラーレのことがもっと知られるようになるといいなと思っています」

一方で「今は南部だ、津軽だとこだわっている場合ではない」という意見もある。冒頭に登場したミュージシャンの坂本は、その理由をこう語る。

「青森県の人口は今、どんどん減少しているんです。ピーク時には150万人だったそうですが、今は130万人。2040年には100万人を切るとも言われています。そんな中、お互いいがみ合っている場合ではないだろうと。スポーツだから、地域対抗で盛り上がるのはいいと思います。でも、お互いを知らないまま否定するのは、すごくもったいないと思うんですよ」

南部出身の坂本が、生まれて初めて青森ねぶたを見たのは40歳を過ぎてから（そういう南部人は決して少なくないそうだ）。しかし青森に暮らすようになって、ねぶたや津軽三味線の魅力にはまっているという。心は南部人。でも、津軽の風物や人にも魅力を感じている。そんな坂本のマルチカルチャーな生き方にこそ、青森県全体の活性化のヒントが隠されているのではないだろうか。

南部と津軽の間で互いの行き来が促進され、互いの文化を理解する県民がもっと増えれば、自らの県の多様性に誇りを持ち、いずれは人口流出にも歯止めがかかるのではないか。そのためには、ヴァンラーレ八戸とラインメール青森とのダービー関係が、今よりさらに熱を帯びる必要がある。しかし現状では、まだまだ地域を巻き込んで盛り上がっているとは言い難い。

両者のダービーが盛り上がるには、ネーミングを再考する必要もあるだろう。

たとえばパルセイロと山雅のダービーは当初、「長野ダービー」と呼ばれていたのだが、これに強い抵抗を示した当時の山雅サポーターが「信州ダービー」というネーミングを定着させた。ヴァンラーレとラインメールについては、今のところ「青森ダービー」と呼ばれているが、できれば「信州ダービー」のようなニュートラルでキャッチーなネーミングが望ましい。

となると、やはり「津軽と南部」というファクターは外せない。「津軽・南部ダービー」、あるいは「津南（南津）ダービー」を提唱して、本稿を締めくくる。

第15章 近所にフットボールクラブがある幸せ

東京23ＦＣ＆
東京武蔵野シティＦＣ

――2016年・秋

ドラえもんが渋谷のスクランブル交差点に土管を埋め込んで、スーパーマリオが土管に飛び込んだら、そこは地球の裏側のリオデジャネイロで、マリオは日本国総理大臣だった――。

２０１６年8月22日（日本時間）、執筆作業の傍らリオ五輪の閉会式の模様をＴＶで眺めながら、「東京」のイメージがアニメやゲームのコンテンツと直結していることを、あらためて思い知らされた。２０２０年の東京五輪を想起させる一連のパフォーマンスは、確かに演出がよく練られており、海外のＴＶ視聴者にも軒並み好評だったようだ。しかしながら、次回夏季五輪とパラリンピックの開催都市である東京は、今大会のリオデジャネイロや前回大会のロンドンと比べて、圧倒的に足りていないものがある。

それは、都市が持つ「フットボール成分」だ。

リオにはカンピオナート・カリオカ（リオデジャネイロ州選手権）があり、ボタフォゴ、フラメンゴ、フルミネンセ、バスコ・ダ・ガマといった南米大陸を代表するメジャークラブがしのぎを削っているのは周知の通りだ。

さらに豪華なのがロンドンである。今季（16－17シーズン）のプレミアリーグだけでも、アーセナル、チェルシー、トッテナム、ウェストハム、クリスタルパレスと5クラブ。さらにチャンピオンシップ（2部）以下にも、クイーンズパーク・レンジャーズ、フラム、ミルウォールなど、実に10以上のクラブが「プロフットボールクラブ」として１００年以上の歴史を刻み、それぞれに熱烈なサポーターと独自のスタジアムを有している。

確かに「歴史が違う」のは事実だ。それでも、グレーター・ロンドン（シティ・オブ・ロンドンと32の特別区）が８１２万人／１５７２平方キロであるのに対し、東京都は１３６０万人／２１９１平方キロ。数字の上では東京のほうが大都市である。

それなのに、都内を本拠として全国リーグを戦うフットボールクラブは、たったの４つしかない。ＦＣ東京（Ｊ１）、東京ヴェルディ、ＦＣ町田ゼルビア（いずれもＪ２）、そして横河武蔵野ＦＣ改め、東京武蔵野シティＦＣ（ＪＦＬ）。しかも、それぞれのホームスタジアムは、調布市、町田市、武蔵野市と、いずれも東京23区外である。

ロンドンをしのぐ大都市・東京。しかしフットボールに関しては、クラブ数でもスタジアム数でも到底及ばないのが実情である。ゆえにフットボール好きの東京人であれば、誰もが一度は思ったはずだ。「なぜ、東京23区を本拠とするプロサッカークラブがないのか」と。

人気サッカー漫画『ＧＩＡＮＴ ＫＩＬＬＩＮＧ（ジャイアント・キリング）』では、ＥＴＵ（イースト・トーキョー・ユナイテッド）という台東区浅草を本拠とするクラブが登場する。もちろんこれはフィクションだが、現実にそうした動きがなかったわけではなかった。

たとえばヴェルディは、93年のJリーグ開幕を迎えるにあたり、国立競技場をホームスタジアムとして「東京のJクラブ」となろうとしていたという証言がある。前身の読売サッカークラブ設立に関わり、のちにヴェルディの代表となった坂田信久によれば「国立側も『人気クラブが使ってくれるなら』とウェルカムな感じでした。でも最終的に認められず、等々力（陸上競技場）をホームグラウンドにしたという経緯があります」と証言している。

またFC東京も、味の素スタジアム（当初は東京スタジアム）が完成する01年までは、国立西が丘サッカー場、駒沢陸上競技場、江戸川区陸上競技場（江戸陸）でホームゲームを行っており、運営法人の東京フットボールクラブ株式会社の所在地は「江東区猿江」となっている（01年までは隣接する深川グラウンドで練習が行われていた）。こうした背景から、サポーターの中には「FC東京はもともと23区のクラブ」と主張する者も一定数存在する。確かにその主張は一面、正しいと言えるかもしれない。それでも、山手線エリアでクラブの存在を感じさせる話題やビジュアルを耳目に触れることは、ごくごく稀であるのも事実だ。

スタジアムの問題に加えて、地元への帰属意識が薄い都民気質も相まって、23区内から全国に打って出るのは容易ではない。物心ついた時から、ずっと東京で暮らしてきた私には、そのことがずっと残念に思えて仕方がなかった。しかしそんな中、最も近いポジションにまで辿り着いたクラブがある。江戸川区を中心に活動する、その名も東京23ＦＣである。

9月10日、私と妻は中央線と東西線を乗り継いで、西葛西駅に向かった。そこから大学時代のサッカー部の後輩・Kが合流し、バスに乗って江戸陸に向かう。

目的地に到着すると、さながらJクラブのホームゲームのように出店が並び、地元在住と思われる家族連れでごった返していた。横河時代から、武蔵野の年間パス保持者である妻は「ムサ陸（武蔵野陸上競技場）よりも賑わっているねえ」と驚きを隠せない様子。一方、FCバルセロナの熱狂的なファンであるKは、東京23FCの車椅子の指揮官、羽中田昌との再会を心待ちにしていた。バルセロナで暮らした経験を持つKからは、現地でコーチ修行をしていた羽中田との思い出をたびたび聞かされている。カンプ・ノウから江戸陸へ。フットボールは時おり、まったく関わりのなさそうなものを突拍子もなく結び付けてしまう。

そんな東京23FCが所属するカテゴリーは、JFLのそのまた下の関東リーグ1部、すなわち5部である。にもかかわらず、クラブはこの日のジョイフル本田つくばFC戦で、江戸陸を満員にする『9・10江戸陸満員プロジェクト5000』をぶち上げていた。

東京23FCは、現在リーグ首位。しかしジョイフル本田には、今季のアウェー戦に0対3で敗れており、ここで返り討ちに遭えば地域決勝（全国地域リーグ決勝大会）への出場権獲得は危うくなる。そんなテンションの高いホーム最終戦で、あえて高い目標設定を掲げた理由はなぜか。私の疑問に答えてくれたのは、クラブGMの原野大輝である。

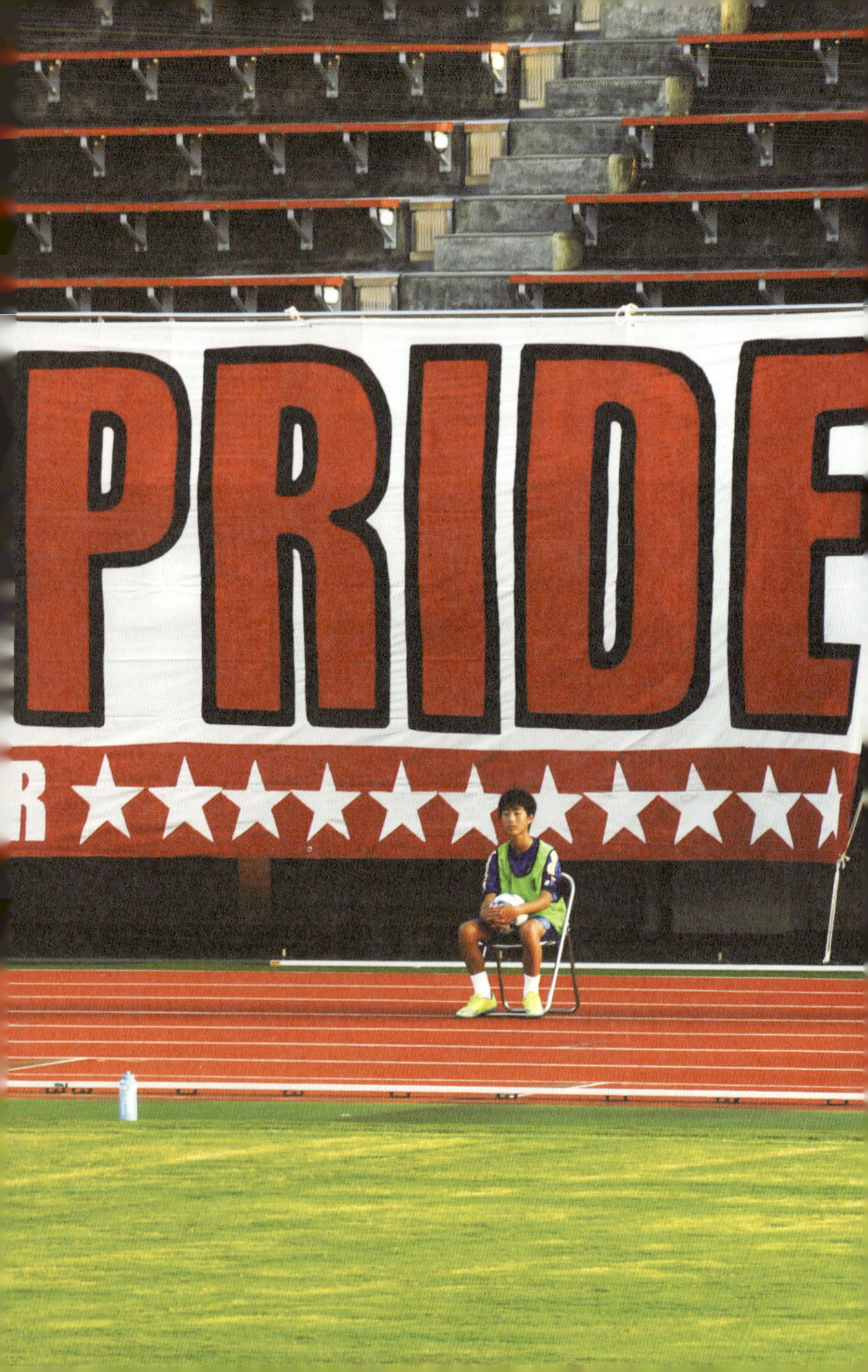
PRIDE
R

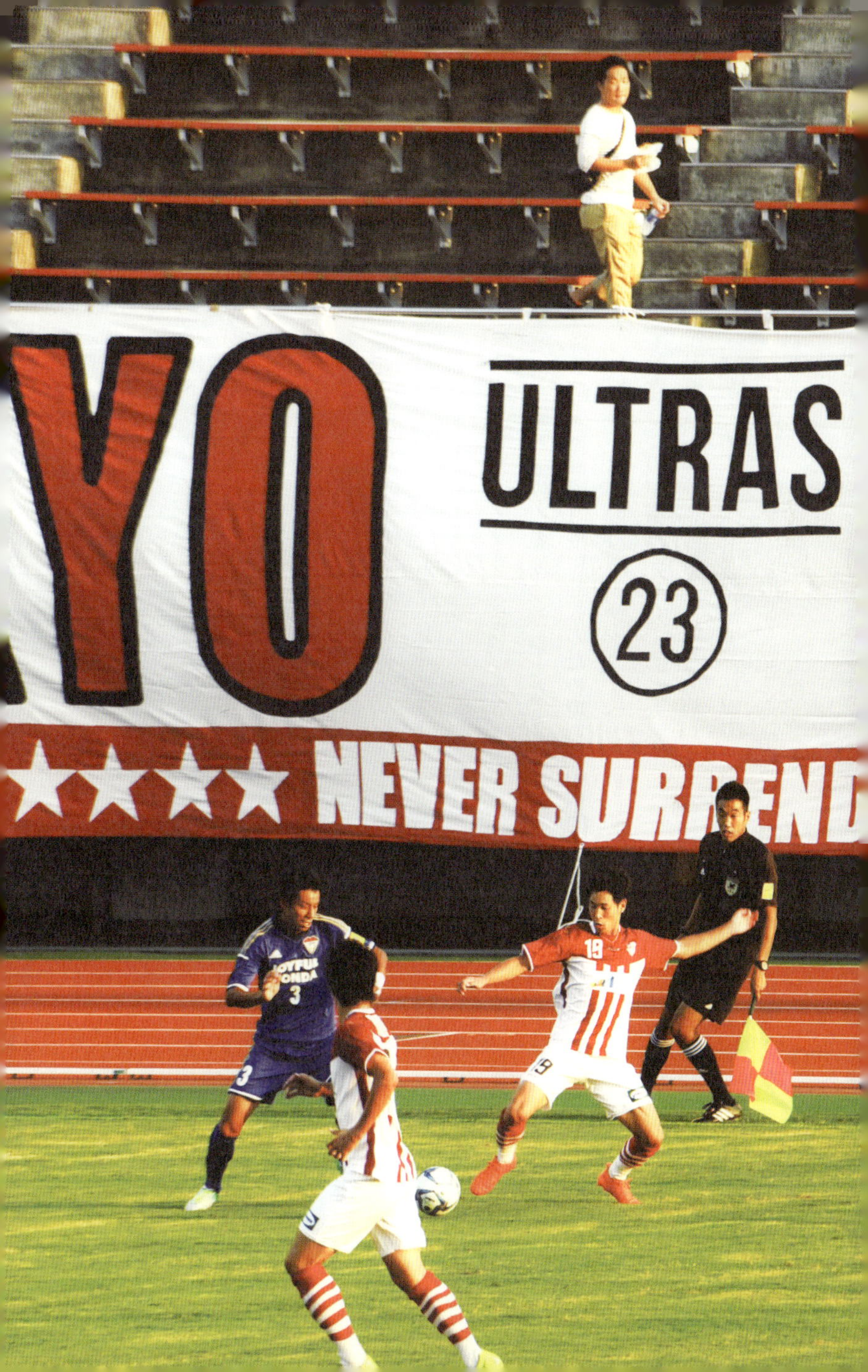
YO
ULTRAS
23
NEVER SURREND
JOYFUL HONDA

「まず、スタジアムが満員になる雰囲気の素晴らしさを、地元のお客さんに味わってもらいたい。次に、今は下のカテゴリーだけど『東京23区から上を目指す』ために、これだけ頑張っているやつらがいるんだということを知ってもらいたい。そして僕らが勝つことで、少しでも観に来た皆さんに勇気を与えられたらと思っています。いずれにせよ、江戸陸のスタンドが本当に満員になったら、何かが変わると思うんですよね」

この日の入場者数は、クラブの公式発表によれば「2600人」。目標の半分ほどにとどまったものの、関東リーグ1部としては十分に誇っていい数字だ。「今は入場無料ですが、JFLに昇格して有料になっても3000人は集めますよ」と若きGMは鼻息が荒い。

原野が『東京23サッカークラブ（SC）』を立ち上げたのは2003年。25歳の時であった。中央大学卒業後、原野は佐川急便の社員となり、佐川急便東京SCでプレーしていたものの、JFLに昇格した1年目の01年に怪我のため現役を引退。その後、関連会社の佐川コンピューターシステムに転籍となるのだが、サッカーへの想いは断ち難く、佐川を退団した選手たちの受け皿として設立したのが東京23SCであった。

「最初は『佐川東京23SC』という名前で活動しようとしたんです。会社とは関係ないクラブだけど、上（のカテゴリー）に上がれば会社の力を借りることもあるかなと思って。そしたら会社から『ウチは関係ないから』ということで、結局『佐川』を取って東京23SCになりました。

当初から『東京23区にはJクラブがないから、俺らで作ろうぜ』っていうノリでしたね。具体的な計画やビジョンはなかったですが（笑）」

クラブ設立と同時に、東京23ＳＣは東京都リーグ4部に参戦。毎年のようにカテゴリーを上げ、06年には都1部に到達する。しかし、そこからの道のりは険しかった。都1部は思いのほかレベルが高く、東京23ＳＣは毎シーズン、中位に甘んじることになる。

このままではいけないと思っていたときに、東京青年会議所の会合で会社経営者の西村剛敏に出会い、一気にクラブ改革が始まった。西村がクラブ代表に就任し、10年にクラブの運営法人『株式会社ＴＯＫＹＯ23』を設立する。そしてクラブ名も『東京23フットボールクラブ（ＦＣ）』と改め、原野が監督に就任。これらの改革が奏功し、東京23ＦＣは都1部で初優勝を果たす。

それにしてもなぜ、原野自身がクラブの代表とならなかったのだろうか。

「実は09年から11年まで、僕は佐川急便本社に戻って管理部や人事部の事務職をやっていたんです。事務作業やアルバイトをとりまとめる仕事なんかをしていたんですけれど、夜に練習があったので、練習日は定時に帰らせてもらっていました。『なんで原野さんだけ、いつも定時で帰れるんですか？』と聞く人もいましたけど（苦笑）、幸い当時の上司がとても理解のある方で、それで社業と監督業を何とか両立することができていました」

改革1年目の10年、東京23ＦＣは都1部で優勝したものの、関東社会人サッカー大会ではベスト8にとどまり、そのまま関東リーグ2部への昇格とはならなかった。翌11年には元ＦＣ東京のブラジル人、アマラオが監督に就任。原野はマネージャーとなって強化面をサポートすることとなる。この年、東京23ＦＣは都1部を無敗で優勝。全社（全国社会人サッカー選手権大会）でも、都道府県リーグのチームとしては異例と言える優勝を果たしている。

その後の関東社会人大会では、またしてもベスト8に終わったものの、Ｙ．Ｓ．Ｃ．Ｃ．（現Ｊ3）のＪＦＬ昇格により昇格枠が1つ増えたため、5位決定戦に勝利した東京23ＦＣは念願の関東リーグ2部に昇格。12年からは、元日本代表の米山篤志が新監督に就任し、1年で関東1部に昇格した。この年、原野も腹をくくって佐川急便を退社している。

「11年に岐阜で開催された全社も、まさか決勝まで進むと思わなかったわけですよ。『今、どこにいるんだ？』って電話で上司に聞かれたので、思わず『岐阜で急に体調を崩しまして』と（笑）。ただ、佐川急便と東京23ＦＣの仕事との両立に、限界を感じていたのも事実です。選手には『覚悟を決めろ』とか言っていたんですが、自分自身は会社員でしたからね。米山さんからも『プロはこうあるべし』という話はよく聞かされていたので、ここらで踏ん切りをつけるべきなのかなと」

かくして原野は退路を断ち、東京23ＦＣのＧＭに就任する。そして関東1部となった13年は4位、14年は2位と、強豪ひしめく関東1部で悪くない戦績を収めた。だが、ここからＪＦＬに到達するには、関東1部で優勝するか、全社で好成績を収めて地域決勝に出場し、そこでも結果を残すしかない。結局、米山時代の3シーズンではＪＦＬ昇格はもちろん、地域決勝出場も果たせなかった。

　確かに、この4年間でクラブとしての体制は整備され、練習時間も14年から朝に切り替えられた。しかし原野は、さらなる改革の必要性を感じていた。そんな時、新たな指揮官として白羽の矢を立てたのが、現監督の羽中田昌である。


　バルセロナでのコーチ修行から帰国後、羽中田は06年にJFAのS級ライセンスを取得。第1種のチームを率いるのは、東京23FCが3チーム目である。

　最初に指揮したカマタマーレ讃岐（08～09年。当時四国リーグ）、次に指揮した奈良クラブ（12年。当時関西リーグ）、いずれも羽中田が目指したのはポゼッションで相手を圧倒する、FCバルセロナのようなサッカーであった。しかし、いずれの試みも道半ばで挫折。奈良では成績不振のため、シーズン途中で辞任している。

　昨年（15年）、東京23FCを指揮するにあたり、羽中田がまず決断したのが「バルサスタイルとの決別」であった。以下、当人の証言。

「もうバルサじゃないですね。選手をよく観察して、最も力を発揮できるスタイルやチーム作りをやっていく。自分がやりたいスタイルではなくて、選手のポテンシャルを引き出す方向に転換しました。僕はヨハン・クライフと同じくらい、ペップ（ジョゼップ・グアルディオラ）の影響を受けているんですけど、彼の哲学に『選手が主役、選手が戦術』という言葉があって、

『これだ！』と思ったのが、考えを変えるきっかけになりましたね」

就任1年目の昨年（15年）は、関東1部4位。地域決勝出場を目指して臨んだ全社もベスト8に終わった。しかし今季はリーグ首位を堅持しており、ピッチで展開されるサッカーは泥臭さとしたたかさを前面に押し出したものに変化していた。ただしチーム状態が盤石かと問われれば、まだまだ脆弱さを抱えていると言わざるを得ない。羽中田自身、「目の前の相手をどう倒すかで一生懸命なんですけれど、試合が終わると『ああ、これでは地域決勝では勝てないな』という反省は残りますね」と唇を噛む。

それでも9月10日のジョイフル本田戦は、痛快なゴールラッシュを披露して4対0で快勝。続く18日の2位・横浜猛蹴とのアウェー戦も2対1で勝利し、見事に関東1部初優勝を果たした。東京23FCにとっては、全社枠で出場した11年以来、5年ぶりの地域決勝進出。そして指揮官の羽中田にとっては、カマタマーレを率いた08年以来、実に8年ぶりのJFL昇格を懸けた戦いとなる。クラブにとっても指揮官にとっても、今大会に期するものは大きい。

もっとも、彼らが地域決勝を突破し、さらにJFLからJ3に到達したとしても、江戸陸のキャパで賄えるカテゴリーはそこまで。クラブが真の意味で「東京23区のJクラブ」となるには、まだまだ課題は多い。それでも、その入口に最も近いポジションに東京23FCが辿り着いたことも、また事実である。13年前、25歳の若者が思い描いた途方もない夢は、今まさに新たなステージを迎えようとしている。

9月18日、ムサ陸で開催されたJFLセカンドステージ第9節、東京武蔵野シティFC対奈良クラブを取材。共にJ3を目指す百年構想クラブ同士の対戦は、2対5でホームの武蔵野が敗れた。武蔵野が敗れること自体、それほど珍しいことではない。ただ、これほど派手なスコアでの敗戦は、かなり珍しいケースであった。

今季のホームゲームでの勝利は、わずかに2試合。にもかかわらず、武蔵野のサポーターからは温かい拍手が贈られた。その心根の優しさは、クラブが「J3を目指す」と宣言してからも、決して変わることはない。

ちなみに、この日の観客数は889人。J3入会の条件となる「平均観客数2000人」からはほど遠い数字である。今季、ここまでの平均観客数は849人で、最も観客数が多かったのが「5000人動員イベント」と銘打った、5月4日の流経大ドラゴンズ龍ヶ崎戦。ただし、目標を大きく下回る1653人であった。

試合後、監督会見が行われた。横河時代にはまず行われることはなかったが、百年構想クラブとなったからには、メディア対応もしっかりやろうという意気込みが感じられる。せっかくなので武蔵野の監督、吉田康弘に「現場を預かる立場として、クラブがJ3を目指す上で最も足りていないものは何だと思うか？」と、あえて意地の悪い質問をしてみた。

「奈良さんのように派手なサッカーで勝てれば、お客さんが増えるかもしれない。でもウチは、

しっかり守備をして（失点を）ゼロに抑えて、90分間走り続けながら戦わなければ、リーグ戦を勝つことはできないと思っています」（吉田）

その生命線とも言える守備が、ここまで崩壊してしまったのだから話にならない。残り6試合を残して、総合順位は昇格圏内の4位から16ポイント差の10位。平均観客数はボーダーラインの半分にも届かない。これが「Ｊを目指す」わが地元クラブの現状である。

今季、登録名から企業名を外して「東京」と「シティ」を加え、在京4番目のＪクラブを目指すことを宣した武蔵野。その前身たる横河武蔵野ＦＣの創設は、戦前の１９３９年にまで遡る。横河電機製作所（当時）に誕生したサッカー同好会は、当初より本社工場があった東京府北多摩郡武蔵野町（現在の武蔵野市）を拠点に活動。70年代から90年代にかけては、東京都リーグと関東リーグとの間を行き来していたが、98年の地域決勝で優勝し、翌99年に開幕した第１回ＪＦＬのオリジナルメンバーとなる（当時の名称は『横河電機』）。

クラブに最初の大きな転機が訪れたのは03年のこと。その前年、本社の経営不振によってサッカー部は解散の危機に見舞われるも、親会社に依存しない「地域に根ざしたクラブ」へと転身を遂げ、その名も『横河武蔵野フットボールクラブ（ＦＣ）』と改められる。

この時、決定的な役割を果たしたのが、関連会社の横河パイオニックス株式会社の代表で、のちにクラブの理事長となる塩野芳男であった。当人に振り返ってもらおう。

「パイオニックスというのは100%子会社で、主に不動産や横河の福利厚生のほかに地域向けのスポーツ事業もやっていたんです。水泳、テニス、野球、そしてサッカー。今、残っているのはサッカーだけですが、すでに横河の育成組織となっていました。せっかくここで頑張っている子供たちがいるのに、そのトップがなくなってしまうのは非常に困る。そこで親会社と掛け合った結果、『じゃあ、お前がやれ』ということになって（苦笑）」

ここでいう「お前がやれ」とは、要するに同好会のサッカー部を市民クラブ化して、さらに地元のスポンサーを集めてクラブ経営を安定化させる、という意味である。塩野は、横河パイオニックスの社長という身分でありながら、地域のスポンサー集めに奔走。クラブ名を変えた03年以降、曲がりなりにもＪＦＬで戦い続けることができたのは、塩野の人脈と地道な営業努力があればこそであった。

不安が渦巻く中でスタートした横河武蔵野ＦＣは07年、新たに設立された特定非営利活動法人『武蔵野スポーツクラブ』によってトップチームが運営されることとなり、さらに「脱企業クラブ」としての地位を確固たるものとしてゆく（もっとも練習施設については、現在も横河電機のグラウンドを使用している）。08年にはホーム平均入場者数が初めて1000人を突破。さらに09年には、クラブ史上最高となるＪＦＬ2位にまで上り詰めている。

その当時のメンバーリストを見ると、選手の「前所属」が実に豪華であることに気付かされる。明治大学、早稲田大学、中央大学、青山学院大学、駒沢大学、専修大学、東京学芸大学、などなど。普段はJリーグを取材している記者が、たまたまムサ陸を訪れて「まるでユニバーシアード日本代表みたいですね」と驚いたこともあったそうだ。教えてくれたのは、長年にわたり武蔵野の活動を支えてきた、理事の上村智士郎である。

「あの年、J1とJ2が18チームずつで上に36チーム。JFLで2位ということは、ウチは『日本で38番目のクラブ』という位置づけだったわけですよ。だからセレクションでも、関東（大学サッカーリーグ）1部や2部の卒業生が普通に来てくれたんです。ところが14年にJ3ができたことで、ウチは自動的に50番目以下のポジションに下がってしまった。そうなると、入ってくる選手のレベルも自ずと変わってきますよね」

横河パイオニックスを定年退職した塩野が、晴れてクラブの理事長となった14年、J3リーグが開幕する。クラブとしては当初は「様子見」であったが、やがて「このままJFLに留まっていたら未来はない」という意見が大勢を占めるようになる。前述したセレクションでの選手の質の変化に加えて、ホームゲームの平均入場者数も13年の769人から14年は739人に減少。武蔵野だけで見れば微減だが、JFL全体で見ると1321人から859人に激減している。J3創設によるJFLの地盤沈下は、もはや隠しようのない事実であった。

それまでアマチュアを貫いてきた武蔵野が、ついにプロ化を宣言したのは15年11月15日。ムサ陸で行われた、MIOびわこ滋賀との最終節終了後のことである。841人の観客を前にして、理事長の塩野が「Jリーグのクラブ入りを目指すことを決めました！」と報告。やがてスタンドからは、歓声と拍手が起こったという。しかしその決断には、いちクラブだけではどうにもならない、止むに止まれぬ事情があったことは留意すべきである。

これほど劇的な試合をムサ陸で観たのは、いつ以来のことであろうか。

9月25日のJFLセカンドステージ第10節。2週連続のホームゲームで武蔵野が迎えたのは、今年の天皇杯で3つのJクラブに勝利して9年ぶりのベスト16進出を果たしていたHondaFCであった。2対3で迎えた、アディショナルタイム。黒須大輔からのふわりと浮かせたパスに、金子剛が相手DFの裏に抜けて右足ワンタッチで同点ゴールを挙げる。次の瞬間、ムサ陸のスタンドは歓呼の声に包まれ、直後に終了のホイッスルが鳴り響いた。

この日の入場者数は1120人。ホームゲームでの4ケタは、実に8試合ぶりである。クラブにとっては、久々に明るい話題。しかしながら今季のJ3昇格の望みは、5日前の時点ですでに消滅していた。20日に行われたJリーグの理事会において、武蔵野のJ3ライセンス交付を見送ることがアナウンスされていたからだ(アスルクラロ沼津、ヴァンラーレ八戸、奈良クラブには交付)。

武蔵野のみ、ライセンスが交付されなかった理由。それは、「スタジアムがJ3基準を満たしていない」という、実に単純明快なものであった。

現在のムサ陸は、座席椅子があるのはメインのみ。両ゴール裏とバックスタンドは芝生席となっていて、試合に関係なく子供たちが大喜びで駆け回っている。大型スクリーンもなければ、スコアボードも夜間照明もない。そして何より、選手と観客の導線が分かれていない。どう贔屓目に考えても、現状でのJリーグ開催は問題外の競技施設である。

そんな中、ホームタウンである武蔵野市は、老朽化したムサ陸の改修を前向きに検討していると噂される。19年のラグビー・ワールドカップ、そして20年の東京五輪に向けた「キャンプ誘致」という名目が立つのも追い風となるだろう。近い将来、ムサ陸が5000人収容の競技施設に生まれ変わる可能性は十分にあり得る話だ。

ただし、問題はその後である。

武蔵野が首尾よくカテゴリーを上げていったとして、J2では1万人、J1では1万5000人収容のスタジアムが必要となる。住宅街という立地を考えるなら、スタンドの拡張はどう考えても現実的ではない。クラブが本気で上を目指すのであれば、手狭になった施設に別れを告げるのは必定であろう。武蔵野の名に、新たに加えられた「東京」の2文字は、そのためのエクスキューズであるように、私には感じられてならない。

本稿を締めくくるに当たり、極めて個人的な話をさせていただく。

わが家から、自転車で20分ほどの距離感にフットボールクラブがある。そのことにわれわれ夫婦は、事あるごとにささやかな幸せを感じてきた。

春には桜、秋には紅葉。季節ごとの木々の変化を眺めながら、必要以上に勝ち負けにこだわることなく、のんびりと地元のサッカーを楽しむ幸せ。

加えてムサ陸には、かつて取材したクラブの選手や監督、あるいはフロントやサポーターがやって来るので、地元に居ながらにして旧交を温めることもできる。そんな素晴らしいスタジアムが、わが家の近所にあるという幸せ。

ゆえに武蔵野というクラブは、私たち夫婦の共通の話題であり、ムサ陸にはふたりの思い出がたくさん詰まっている。いずれどちらかが先立ったら、残された者はひとりムサ陸のスタンドに佇み、往時を懐かしみながら天上の連れ合いを想うことだろう。

クラブにはクラブの事情があることは、もちろん理解している。それでも私たち夫婦にしてみれば、武蔵野がJクラブとなることよりも、さらにはビッグクラブとなることよりも、いつまでも身近に寄り添う存在であり続けることが、何よりも望ましい——。

「フットボール成分」が足りてないと嘆く一方で、近所のクラブが「東京」を名乗ることに胸騒ぎを覚える。フットボール好きの東京人にとり、「東京」は一筋縄ではいかない。

『サッカーおくのほそ道』の旅を終えて

過去の原稿をピックアップして年代別に並べてみた時に、あることに気付かされた。「J3以前/以後」で、アマチュアサッカーの風景の見え方がかなり違っていたのである。

J3リーグの開幕がアナウンスされたのは2013年。1999年の創設以来、さまざまな形のクラブを受け入れながら日本の3部リーグとして機能してきたJFLは、これにより大きく再編されることになった。J3リーグができて今年で3シーズン目。その是非はリーグそのものよりも、むしろ日本サッカーのピラミッド全体を見渡しながら考察すべきである——。

本書を完成させた今、あらためてそう感じる。

さて、本書に集録された作品の多くは、『サッカー批評』もしくは『フットボール批評』に掲載されたものである。掲載誌の名称は変わったが、一緒に仕事をしていたのは本書の版元である株式会社カンゼンの編集者たちであった。隔月専門誌ゆえ（その前は季刊）、取り上げるべきテーマは常に盛りだくさん。そんな中、定期的にアンダーカテゴリーのサッカーを取り上げるページを確保してくれていたのは有難かった。多様性を是とする編集方針がなければ、本書が世に出ることはなかっただろう。

本書の製作にあたっては、『フットボール批評』編集長の森哲也さん、編集の実作業を取り仕切っていただいた後藤勝さん、デザインを担当していただいた株式会社アルビレオの西村真紀子さん、そして素敵なイラストを提供していただいた曽根愛さんに、あらためて御礼を申し上げたい。また、それぞれの取材でお付き合いいただいた編集者の皆さんと取材先でご協力いただいた皆さん、そして妻の晴子にも心よりの感謝を！

日本サッカー界も出版界も、まだまだ厳しい状況が続きそうだ。それでも本書に登場するサッカー仲間たちのように、常にチャレンジ精神旺盛で、それでいて感謝の気持ちを忘れない人間でありたいものである。この年齢になっても、フットボールから学ぶことは意外と多い。

ワールドカップ・アジア最終予選の取材先、メルボルンにて　宇都宮徹壱

初出一覧

第1章
Jリーグを目指さなかった理由
サッカー批評 issue38(2008年)

第2章
幻の「石川FC構想」
J´sサッカー Vol.16(2008年)

第3章
SAGAWAに「野心」はあるのか?
サッカー批評 issue39(2008年)

第4章
いつか「普通のクラブ」になるまで
スポーツナビ(2011年)
宇都宮徹壱公式メールマガジン 徹マガ
通巻125号、128号、132号(2012年)

第5章
「半袖隊長」の矜持
サッカー批評 issue53(2011年)

第6章
なぜ今「J3」なのか?
サッカー批評 issue61(2013年)

第7章
「今そこにあるサッカーを愛せ!」
宇都宮徹壱公式メールマガジン 徹マガ
通巻148号、149号(2013年)

第8章
奈良劇場総支配人、大いに語る
宇都宮徹壱公式メールマガジン 徹マガ
通巻166号（2013年）

第9章
アマチュアにとっての「約束の地」
フットボール批評 issue02（2014年）

第10章
ゴン中山「現役復帰」の舞台裏
フットボール批評 issue08（2015年）

第11章
「ミスターレノファ」と呼ばれた男
宇都宮徹壱公式メールマガジン 徹マガ
通巻267号（2015年）

第12章
街クラブが「世界を目指す」理由
フットボール批評 issue10（2016年）

第13章
誰が「坂本龍馬」だったのか?
フットボール批評 issue12（2016年）

第14章
激突! 南部対津軽
フットボール批評 issue13（2016年）

第15章
近所にフットボールクラブがある幸せ
スポーツナビ（2016年）＆書き下ろし

サッカーおくのほそ道

Jリーグを目指すクラブ 目指さないクラブ

発行日 2016年11月25日 初版
2017年1月5日 第2刷 発行

著者 宇都宮徹壱

発行人 坪井義哉

発行所 株式会社カンゼン
〒101-0021 東京都千代田区外神田2-7-1 開花ビル
TEL 03(5295)7723
FAX 03(5295)7725
http://www.kanzen.jp/
郵便為替 00150-7-130339

印刷・製本 株式会社シナノ

ISBN 978-4-86255-375-1 Printed in Japan
定価はカバーに表示してあります。
ご意見、ご感想に関しましては、kanso@kanzen.jpまでEメールにてお寄せ下さい。お待ちしております。